公路工程施工项目管理

程可秀　主编

延边大学出版社

图书在版编目（CIP）数据

公路工程施工项目管理 / 程可秀主编. -- 延吉 : 延边大学出版社, 2023.8

ISBN 978-7-230-05397-6

Ⅰ. ①公… Ⅱ. ①程… Ⅲ. ①道路工程－工程施工－项目管理 Ⅳ. ①U415.1

中国国家版本馆CIP数据核字(2023)第163499号

公路工程施工项目管理

主　　编：程可秀
责任编辑：董　强
封面设计：文合文化
出版发行：延边大学出版社
社　　址：吉林省延吉市公园路977号　　邮　　编：133002
网　　址：http://www.ydcbs.com　　E-mail：ydcbs@ydcbs.com
电　　话：0433-2732435　　传　　真：0433-2732434
印　　刷：三河市嵩川印刷有限公司
开　　本：710×1000　1/16
印　　张：11.75
字　　数：220 千字
版　　次：2023 年 8 月 第 1 版
印　　次：2023 年 8 月 第 1 次印刷
书　　号：ISBN 978-7-230-05397-6

定价：65.00元

编 写 成 员

主　　编：程可秀

副 主 编：邵长顺

编写单位：济宁市公路事业发展中心

济宁市公路工程总公司

前　言

随着我国公路工程建设事业的不断发展，施工管理体系日趋完善，项目的整体管理水平得到了较大的提升，但是仍然存在较多的管理问题，最明显的是质量问题，其不仅缩减了项目可能取得的效益，也严重影响了企业的声誉。因此，必须高度重视公路工程施工项目管理存在的问题，深刻分析问题产生的根源，从而完善公路施工管理体系，提升施工管理水平，将管理制度真正落实到实践工作中去，在为公路施工企业创造较好经济效益和社会效益的同时，使企业公路工程建设的整体管理水平再上一个台阶。

总而言之，随着城市化进程的不断推进，交通运输事业迅速发展，公路工程建设项目的规模将会逐渐增大，对施工管理的要求也会越来越高。在公路工程施工管理中仍旧会遇到许多问题，如何正确解决施工管理中存在的问题是一项艰辛而复杂的工作，为此必须保持不懈的努力，对发现的问题持以正确的态度，探究问题发生的根源，在统筹考虑的同时提出针对性的解决方案，这样才能不断提升施工管理人员的管理水平，真正为我国公路工程施工企业的蓬勃发展贡献力量。

《公路工程施工项目管理》共八章，主要内容包括公路工程施工项目管理概述、公路工程施工项目招投标管理、公路工程施工项目合同管理、公路工程施工项目现场管理、公路工程施工项目进度管理、公路工程施工项目质量管理、公路工程施工项目安全管理、公路工程施工项目风险管理。

笔者在撰写本书的过程中，得到了很多宝贵的建议，谨在此表示感谢。同时，笔者参考和借鉴了大量的相关资料，在参考文献中未能一一列出，在此向相关资料的作者表示诚挚的感谢和敬意。由于作者水平有限，编写时间仓促，书中难免会有疏漏不妥之处，恳请各位读者不吝批评指正。

程可秀

2023 年 6 月

目　录

第一章　公路工程施工项目管理概述

第一节　公路与项目

一、公路

我国的公路按照技术分级可分为汽车专用公路和一般公路。汽车专用公路是专门提供各类汽车、摩托车等快速机动车行驶的公路，一般不允许慢速机动车（如拖拉机）、非机动车及行人使用。它可分为高速公路、一级专用公路和二级专用公路。一般公路既可供汽车、摩托车使用，也可供慢速机动车（如拖拉机）、非机动车及行人使用。一般公路构成的交通称为混合交通，包括二、三、四级公路。选择公路等级的技术依据既可以是交通量调查或预测，也可以是公路网络整体规划。我国的公路按照行政分级可分为国道、省道、县道、乡道和专用公路。

其中，汽车专用公路一般由路基、路面、桥梁、隧道工程和交通工程设施等几大部分组成。

（一）路基

路基是用土或石料修筑而成的线形结构物。它承受本身的岩土自重和路面重力，以及由路面传递而来的行车荷载，是整个公路构造的重要组成部分。路基主要包括路基体、边坡、边沟及其他附属设施等几个部分，路基的形式主要有填方路基、挖方路堑及半填半挖路基。

（二）路面

路面是用各种筑路材料或混合料分层铺筑在公路路基上供汽车行驶的层状构造物，其作用是保证汽车在道路上能全天候、稳定、高速、舒适、安全和经济地运行。路面通常由路面体、路肩、路缘石及中央分隔带等组成，其中路面体在横向上又可分为行车道、人行道及路缘带。道路行车荷载和自然因素的作用一般随路面深度的增加而减弱。为适应这一特点，路面结构也是多层次的，路面结构一般由面层、基层、垫层组成，有的道路在面层和基层之间还设立了一个联结层。

1.面层

面层位于整个路面结构的最上层，直接承受行车荷载，并受自然因素的影响，因此面层应有足够的强度、刚度和稳定性。另外，面层还应有一定的平整度和良好的抗滑性能，以保证车辆安全、平稳地通行。面层通常使用水泥混凝土、沥青混凝土、沥青碎石混合料做铺筑材料，有些道路也用块石、料石或水泥混凝土预制块铺筑道路面层，山区交通量很小的地区也直接用泥灰结碎石或泥结碎石铺筑面层。

面层可分层铺筑，称为上面层（表层）、中面层和下面层。面层所用材料主要有水泥混凝土、沥青混凝土、沥青碎（砾）混合料、沙砾或碎石掺土的混合料，以及块石等。

2.基层

基层是指面层以下的结构层，主要作用是支撑路面面层和承受由面层传递下来的车辆荷载，因此基层应有足够的强度和刚度。同时，基层也应有平整的表面，以保证面层厚度均匀、平整。其还可能受到地表水和地下水的浸入，所以应有足够的水稳定性，以防湿软变形而影响路面的结构强度。基层可采用水泥稳定类、石灰稳定类、石灰工业废渣稳定类，以及级配碎石、填隙碎石或贫混凝土铺筑。当基层较厚时，应分为两层或三层铺筑，下层称为底基层，上层称为基层，中层视材料情况可称为基层，也可称底基层。选择基层材料时，为降低工程成本，应本着因地制宜的原则，尽可能地使用当地材料。

3.垫层

垫层设在土基和基层之间，主要用于潮湿土基和北方地区的冻胀土基，用于改善土基的湿度和温度状况，起隔水（地下水和毛细水）、排水（基层下渗的水）、隔温（防冻胀），以及传递荷载和扩散荷载的作用。垫层材料不要求强度高，但要求水稳性能和隔热性能好。

4.联结层

联结层是指为加强面层和基层的共同作用或减少基层裂缝对面层的影响，而设在基层上的结构层，经常被视为面层的组成部分。

（三）桥梁工程

遇到江河湖泊、山谷深沟及其他线路（铁路或公路）等障碍时，为了保持道路的连续性，就需要建造专门的人工构筑物——桥梁来跨越障碍。桥梁一般由以下几部分组成。

1.桥梁上部结构

桥梁上部结构也称桥跨结构，由主要承重结构、桥面系和支座组成。

主要承重结构是在线路中断时跨越障碍的主要承重结构。

桥面系是由桥面铺装和桥面板组成的，桥面铺装用以防止车轮直接磨耗桥面板和分布轮重，桥面板用来承受局部荷载。

支座是指一座桥梁中，在桥跨结构与桥墩或桥台的支承处所设置的传力装置。其不仅要传递很大的荷载，并且要保证桥跨结构能产生一定的变位。

2.桥梁下部结构

桥梁下部结构是指桥墩和桥台（包括基础）。桥墩和桥台是支承桥跨结构，并将恒载和车辆等活载传至地基的构筑物。通常设置在桥两端的称为桥台，它与路堤相衔接，以抵御路堤土压力，防止路堤填土的滑坡和坍落。单孔桥没有中间桥墩。基础是指桥墩和桥台中使全部荷载传至地基的底部奠基部分，其是确保桥梁能安全使用的关键，由于基础往往深埋于土层之中，并且需要在水下施工，故也是桥梁建筑施工中比较困难的一个部分。

3.附属结构

附属结构包括锥形护坡、护岸、导流结构物。

（四）隧道工程

隧道的分类方法有很多，不同的角度有不同的分类方法。按地质条件可分为岩石隧道和土砂隧道，按埋深可分为浅埋隧道和深埋隧道，按所处的位置可分为山岭隧道、水底隧道和城市隧道，按断面形式可分为圆形、马蹄形、矩形等隧道，按车道数可分为单车道、双车道和多车道隧道，按用途可分为交通隧道、水工隧道、市政隧道和矿山隧道。

其中，交通隧道是应用最为广泛的一种隧道，其作用是提供一种克服障碍物和高差的交通运输及人行的通道，主要包括铁路隧道、公路隧道、水底隧道、地下铁道、航运隧道及人行隧道等 6 种。

公路隧道是专供公路运输使用的地下工程结构物。因为公路对坡度和最小曲线半径的限制没有铁路那样严格，在山区修建公路时为了避开修建费用昂贵的隧道而常常选择盘山绕行的方式，所以过去公路隧道并不多。而随着社会经济的发展，高速公路大量出现，对道路的修建技术也提出了较高的标准，如要求线路顺直、路面坡度平缓、路面宽敞等，故隧道方案越来越受到重视。它在缩短运行距离、提高运输能力，以及减少交通事故等方面都起到了十分重要的作用。另外，在城市，为避免平面交叉，利于高速行车，保护环境、景观及一些古建筑，相关部门也常采用修建隧道的方式。

（五）交通工程设施

交通工程设施是指为使道路通行能力最大、经济效益最高、交通事故最少、公害程度最低，而沿道路用地范围及其周边设置的系统、设施，或给人、车配备的装备，即为使车辆高速、高效、安全、舒适地行驶而设置的各类设施的总称。

交通工程设施设计的基础是交通工程学。这是一门专门研究道路交通的发生、构成和运动规律的科学，是由道路工程科学衍生而逐渐发展起来的较年轻的学科。其研究对象是人、车、路及其与土地使用、房屋建筑、环境之间的相互关系，主要研究内容包括：人和车辆特性、交通流理论、交通调查、交通规划、道路通行能力、道路几何设计、道路交叉设计、交通事故与交通安全、交通信号、交通公害、电子信息系统和交通控制、公共交通和交通节能等。

二、项目、建设项目与公路工程施工项目

（一）项目

项目是指那些作为管理的对象，按限定时间、费用和质量标准完成的一次性任务。从系统的角度看，项目具有如下基本特征。

1.一次性

项目的一次性是项目的最主要特征，也可称单件性。一次性是指没有与此完全相同的另一项任务，其不同点表现在任务本身与最终成果上。只有认识项目的一次性，才能有针对性地根据项目的特殊情况和要求进行管理。

2.目标性

项目的目标有成果性目标和约束性目标。成果性目标是指项目的功能性要

求，如一座钢厂的炼钢能力及其技术经济指标。约束性目标是指限制条件，期限、预算、质量都是限制条件。

3.整体性

一个项目是一个整体管理对象，在按其需要配置生产要素时，必须以总体效益的增加为标准，做到数量、质量、结构的总体优化。由于内外环境是变化的，所以管理和生产要素的配置也是动态的。

每个项目都必须具备上述三个特征，缺一不可。重复的、大批量的生产活动及其成果不能称作“项目”。项目的种类按其最终成果划分，有建设项目、科研开发项目、航天项目及维修项目等。

（二）建设项目

建设项目是项目中最重要的一类。一个建设项目就是一项巩固资产投资项目，既有基本建设项目，又有技术改造项目。建设项目是指需要一定量的投资，经过决策和实施的一系列程序，在一定的约束条件下以形成固定资产为明确目标的一次性活动。建设项目有以下基本特征。

①在一个总体设计或初步设计范围内，由一个或若干个互相有内在联系的单项工程（或单位工程）所组成的，建设中实行统一核算、统一管理的建设单位。

②在一定的约束条件下，以形成固定资产为特定目标。约束条件包括以下几种：一是时间约束，即一个建设项目有合理建设工期目标；二是资源约束，即一个建设项目有一定投资目标；三是质量约束，即一个建设项目有预期的使用功能、生产能力、技术水平，以及使用效益目标。

③需要遵循必要的建设程序和经过特定的建设过程，即一个建设项目从提出建设的设想、建议、方案、评估、决策、勘察、设计、施工一直到竣工、投产或投入使用，有一个严密有序的过程。

④具有特定的任务和一次性特点的组织形式，一次性特点的具体表现为投

资的一次性投入、建设地点的一次性固定、设计单一施工的单件。

⑤具有投资限额标准。只有达到一定限额投资的项目才是建设项目，不满足限额标准的则称为零星固定资产购置。随着改革开放的进一步深入，这一限额将逐步提高。

（三）公路工程施工项目

公路工程施工项目是以形成公路基础设施为目的，由建筑、工器具、设备购置安装、技术改造，以及其他工作构成，以实物形态表示的具体项目。

公路工程施工项目也称公路基本建设项目。公路工程施工项目固有的技术经济特点有别于其他的工程项目，主要特点如下。

1.施工难度较大

公路工程一般属于线形工程，一个公路项目其建设路段少则几公里，多则数十公里、数百公里，路线往往会跨越山川、河谷，路线所经路段难以完全避免不良地质地段，如滑坡、软基、冻土、高填、深挖等路段，难以避免地形复杂路段，也难以避免大桥、特大桥、长隧道、高大挡墙等结构物。这使得公路项目看似简单，实际却比一般土木工程项目复杂得多。

公路路线所经路段地质特性的多变性，使得公路路基施工复杂、多变性凸显，结构物施工也因地质条件的不确定性经常导致设计变更、工期延长，进度控制、质量控制、投资控制难度加大。

2.项目构成复杂

公路工程项目的单位工程包括：路基土石方工程、路面工程、桥梁工程、隧道工程、互通立交工程、沿线设施及交通工程、绿化工程等。各单位的工程内容差异很大，这决定了公路工程项目管理的技术复杂性和管理的综合性。

3.项目工期通常较长

公路工程项目庞大，施工过程多，工作面有限，其工期通常较长。高速公路的施工工期通常在 2～5 年。工期长意味着施工单位在工程建设中面临更多的不确定性，承担更大的风险。

4.项目建设投资巨大

我国高速公路平均每公里造价高达3 000～4 000万元，有时甚至更高。巨额资金及时到位是保障工程按期完工的前提。

第二节　管理与项目管理

一、管理的起源

管理是人们在社会活动中，为实现预期的目标，从事的计划、组织、控制、协调的一种智力活动，它随着人们共同劳动的出现而出现。人们在共同劳动中，为有效地达到一定的目标，需要有管理的活动，以组织人们的有效劳动与生存发展。

人类在与自然做斗争和改造环境的进程中，必然伴随着群体活动的增加和社会组织的出现。这种群体活动需要有管理的功能来保障其秩序性和有效性。同样，社会组织的产生、存在和发展，都需要有管理的功能来进行组织和协调。可以说，管理是共同劳动和社会组织的产物。

二、项目管理的产生和发展

“项目”的概念在两千多年之前就已经存在。但是，项目管理技术的突破性成就则出现在20世纪40～50年代。

第二次世界大战的爆发，使得军事科技快速发展，人们对新式武器和各类战争设施的需求使得各种项目接连不断。这些项目技术复杂、参与人员众多、时间紧迫，因此人们开始关注如何有效地实行项目管理来实现既定目标。“项目管理”这个概念就是从此时才开始被认识的。

项目管理是以项目为对象的系统管理方法，其通过一个临时性的、专门的柔性组织，对项目进行高效率的计划、组织、指导和控制，以实现项目全过程的动态管理和项目目标的综合协调与优化。实现项目全过程的动态管理是指在项目的生命周期内，不断进行资源的配置和协调，不断做出科学决策，从而使项目执行产生最佳的效果。项目目标的综合协调与优化是指项目管理应综合协调好时间、费用及功能等约束性目标，在相对较短的时间成功地实现一个特定的成果性目标。

国际上有两大权威的项目管理研究机构：以欧洲多国为主的国际项目管理协会（International Project Management Association, IPMA）和以美国为首的美国项目管理协会（Project Management Institute, PMI）。

IPMA在项目管理知识体系方面做出了卓有成效的工作：1987年，其着手进行“项目管理人员能力基准”的开发；1997年，其推出了国际项目管理专业资质标准，在这个标准中，IPMA把个人能力划分为42个要素，包括28个核心要素与14个附加要素。

1969年，美国PMI成立，它也是一个国际性的组织。1987年，PMI公布了第一个项目管理知识体系（Project Management Boby of Knowledge, PMBOK），并于1996年、2000年、2008年、2012年又分别对其进行了修订。

在这个知识体系中，PMI 把项目管理的知识划分为十个领域，分别是范围管理、时间管理、成本管理、质量管理、人力资源管理、沟通管理、相关方管理、风险管理、采购管理和整合管理。

我国项目管理知识体系的研究工作开始于 1993 年，是由我国优选法统筹法与经济数学研究会项目管理研究委员会发起并组织实施的，该委员会于 2001 年 7 月正式推出了我国的项目管理知识体系文件——《中国项目管理知识体系》（C-PMBOK2006）第 1 版，2008 年 7 月推出其修订版。

该书基于体系化与模块化的要求，以项目生存周期为主线，从项目及项目管理的概念入手，按照项目开发的四个阶段，即概念阶段、规划阶段、实施阶段及收尾阶段，分别阐述了每一阶段的主要工作及其相应的知识内容。同时，考虑到项目管理过程中所需要的共性知识及其所涉及的方法，该书在逻辑上分为三大部分：第一部分为项目管理学科的体系框架，内容包括项目管理学科的形成与发展、项目管理学科定位，以及我国项目管理知识的体系结构；第二部分为面向临时性项目组织的项目管理知识；第三部分为组织项目化管理，系统介绍了长期性组织项目化管理的体系框架与主要方法。

该书的突出特点是：采用了模块化的组合结构，便于知识的按需组合；以生存周期为主线，进行项目管理知识体系知识模块的划分与组织；体现我国的项目管理特色，扩充了项目管理知识体系的内容。

三、项目管理的发展趋势

目前，项目管理的发展呈现以下四大趋势。

（一）国际化趋势

由于项目管理的普遍规律和许多项目的跨国性，很多专家都在探讨项目管理的国际通用体系，包括通用术语等。国际项目管理协会的成员国每年都要举办很多行业性和学术性的研讨会，交流和研究项目管理的发展问题。对于项目管理活动，目前国际上已形成了一套较完整的国际法规、标准和惯例，制定了严格的管理制度，形成了通用性较强的国际惯例，各国专家正在探讨完整的通用体系。随着贸易活动全球化和跨国公司、跨国项目的增多，项目管理的国际化趋势日益明显。

（二）信息化、网络化趋势

随着计算机技术、信息技术和网络技术的飞速发展，为了提高管理效率、降低管理成本、加快项目进度，项目管理越来越依赖计算机手段。目前，西方发达国家的项目管理公司已经运用项目管理软件进行项目管理的运作，利用网络技术进行信息传递，实现了项目管理的自动化、网络化、虚拟化。同时，许多项目管理公司也在积极组织人员开发更高级的项目管理软件。

21 世纪的项目管理将更多地运用计算机技术、信息技术和网络技术。伴随着网络技术的发展，项目管理的信息化、网络化将成为必然趋势。

（三）关注“客户化”趋势

在传统的项目管理中，判断一个项目成功与否的标准不外乎是看项目的工期指标、成本指标和质量指标是否满足项目的约束条件。如果项目按期交付，成本费用在预算之内，产品性能符合合同条款的规定，就认为该项目是一个成功的项目。反之，其中若有任何一项没有完成，则认为项目是失败的。

和传统的项目管理相比，现代项目管理则越来越关注以客户为中心的管理。在当今这个竞争激烈的时代，任何经济组织生存和繁荣的关键不仅仅是生产产品，还要赢得客户并减少客户流失。在一个项目的实施和管理过程中，应该充分贯彻“以客户满意为关注焦点”的标准，充分满足客户明确的需求，挖掘客户隐含的需求，实现并超越客户的期望。只有让客户满意，项目组织才有可能更快地结束项目，尽可能地减少项目实施过程中的修改和调整，真正地实现节约成本、缩短工期，才能够增加同客户再次合作的可能性。

（四）新方法应用普及化趋势

纵观项目管理近年来的发展过程，一个突出的变化是项目管理包括的知识内容大大增加了，如增加了项目管理知识体系中的范围管理、质量管理、风险管理、沟通管理和相关方管理等内容；项目管理概念也拓宽了，如提出了基于项目的管理、客户驱动型项目的管理等不同类别的项目管理；项目管理的应用层面已不再是传统的建筑和工程建设部门，而是拓宽到了各行业的各个领域。目前，项目管理在以下两个方面的进展令人瞩目。

1.风险评估小组的出现

在传统的项目管理中，项目中出现的问题通常归咎于项目实施不力，如项目组中的成员不能胜任工作，不切实际的项目估算也被认为是项目中出现问题的主要原因。现在，风险管理变得越来越重要了。通过对一些成功的组织考察发现，风险评估小组的组建是越来越普遍的现象。例如，在正式签署执行项目合同之前，由风险评估小组成员来审查合同中的某些承诺是否切实可行，如不切实际的话，风险评估小组的代表将建议不要签署该合同。

2.设立项目办公室

越来越多不同规模的企业或组织开始建立项目办公室。项目办公室的作用包括行政支持，咨询，建立项目管理标准，开发、更新工作方法和工作程序，指导、培训项目人员等。

第三节　公路工程施工项目管理的基础知识

一、公路工程施工项目管理的内容

公路工程施工项目管理是公路工程施工企业在公路工程项目施工活动中进行全过程、全方位的计划、组织、控制和协调，使工程项目在约定的时间和批准的预算内，按照要求的质量，实现最终的建筑产品，使项目取得成功。

公路工程施工项目管理的内容是研究如何以高效实现项目目标为目的，以项目经理负责制为基础，对项目按照其内在逻辑规律进行有效的计划、组织、协调和控制，以适应内部及外部环境并组织高效益的施工，使生产要素优化组合、合理配置，保证施工生产的均衡性，利用现代化的管理技术和手段，以实现项目目标和使企业获得良好的综合效益。

项目管理的目标就是项目的目标。项目的目标界定了公路工程施工项目管理的主要内容，即进度管理、质量管理、成本管理、合同管理、安全管理、风险管理、采购管理和人力资源管理。

公路工程施工项目的生产要素有劳动力、材料、机械设备、技术和资金，这些要素具有集合性、相关性、目的性和环境适应性，是一种相互结合的立体多维关系。加强施工项目管理，必须对施工项目的生产要素详细分析，认真研究并强化其管理内容。

对施工项目生产要素进行管理，主要体现在以下四个方面。

①对生产要素进行优化配置，即适时、适量、比例适当、位置适宜地配备或投入生产要素，以满足施工需要。

②对生产要素进行优化组合，即在施工中对投入施工项目的生产要素进行

适当搭配，以充分发挥其作用。

③对生产要素进行动态管理。动态管理是优化配置和优化组合的手段，动态管理的基本内容就是按照项目的内在规律，有效地计划、组织、协调、控制各生产要素，使之在项目中合理流动，在动态中寻求平衡。

④合理地、高效地利用资源，从而实现提高项目管理综合效益、促进整体优化的目的。

二、公路工程施工项目管理的特点

公路工程施工项目管理主要有以下几个特点。

①公路工程施工项目管理的对象是公路工程施工项目，管理的实施者是公路工程施工企业和下设的施工项目经理部。设计单位、建设单位和监理单位虽然与施工项目有关，但都不能算作施工项目管理者。

②公路工程施工项目管理是一项综合的系统工程。由于公路工程施工项目实施的复杂性，建设周期长，施工项目管理需要用系统工程的观念、理论和方法进行管理，具有全面性、科学性和程序性的特点。

③公路工程施工项目管理具有事先能动性。由于公路工程施工项目具有一次性特征，因而其项目管理只能在这种不再重复的过程中进行。为避免在某一项目上产生重大失误，施工项目管理必须是事先的、能动的管理。

④公路工程施工项目管理具有动态跟踪性。尽管施工项目管理的目标是明确的，但是由于公路工程施工项目影响因素的不确定性，必须对事先所设定的目标及相应措施的实施过程自始至终进行监督、控制、调整和修正。

三、公路工程施工项目管理的原则

（一）动态化原则

公路工程项目具有一定的系统性。相关单位要想确保项目顺利施工，就要发挥自身的实际功能，同时明确服务对象，并对项目建设标准与承载力提出明确要求，在项目施工中全面进行管理。公路项目往往需跨越较大的区域，相关人员要对各类地质及施工环境方面进行综合考虑，做好完善的准备工作，同时对项目管理工作进行动态化控制，结合不断变化的情况对原计划与设计适当作出调整，以保障公路工程施工质量的合理控制。

（二）程序原则

公路工程施工过程中具有分段施工、步骤固定等特点，相关人员需要维护项目特定程序，同时强化管理，对工序与进度进行有效管理，做好验收工作，明确施工顺序，保障公路工程按照一定的程序进行施工。

（三）服务原则

在公路工程管理工作中，相关人员先要明确服务意识，对各参与单位进行协调，同时做好配合工作，并完善调度工作，保证施工现场矛盾产生时能够及时得到处理，同时合理控制工程施工质量与进度。

四、公路工程施工项目管理的规划

按照管理学的定义，规划是一个综合性的、完整的、全面的总体计划。它包括目标、政策、程序、任务的分配、要采取的步骤、要使用的资源，以及为完成既定行动所需要的其他因素。

项目管理规划是对工程项目全过程中的各种管理职能、各种管理过程，以及各种管理要素进行完整的、全面的总体计划。项目管理规划包括两类文件：一类是项目管理规划大纲，是由企业管理层在投标之前编制的，旨在作为投标依据，满足招标文件要求及签订合同要求的文件；另一类是项目管理实施规划，是在项目开工之前由项目经理主持编制的，用于指导施工项目实施阶段管理的文件。项目管理规划大纲和项目管理实施规划之间的关系是：前者是后者的编制依据，后者是前者的延续、深化、具体化。

（一）公路工程施工项目管理规划的作用

公路工程项目管理规划就是在公路施工项目管理目标的实现和管理的全过程中，对公路施工项目管理的全过程进行事先的安排和规划，是指导公路工程项目管理的纲领性文件，是保证项目管理工作正常进行的重要措施。它的作用主要体现在以下方面。

①以中标和赢利为前提进行规划，力争项目中标。

②规划实施项目目标管理的组织、程序和方法，落实组织责任。

③对施工过程的各项管理活动进行规划，提出控制目标，以及为实现这些目标应采取的措施。

④提出对施工项目管理活动进行考核的标准和方法。

（二）公路工程施工项目管理规划的基本要求

公路工程施工项目管理规划是对公路工程施工项目管理的各项工作进行综合性的、完整的、全面的总体规划，其基本要求有以下几个。

①项目管理规划应包括对目标的分解与研究。

②项目管理规划应着眼于项目的全过程，包括项目的设计、运行维护、组织及项目管理的各个方面。与工程项目计划和项目规划不同，项目管理规划更多的是考虑项目管理的组织、项目管理系统、项目的技术定位、功能的策划、运行的准备和运行的维护，以使项目目标能顺利实现。

③项目管理规划的内容具备完备性和系统性。由于项目管理对项目实施和运营的重要作用，项目管理规划的内容十分广泛，应包括在项目管理中涉及的各个方面的问题，包括项目管理的目标分解、环境调查、项目的范围管理和结构分解、项目的实施策略、项目管理组织设计，以及对项目相关工作（如功能策划、技术设计、实施方案和组织建设、融资、交付、运行等）的总体安排。

④项目管理规划是集成化的，规划所涉及的各项工作之间应有很好的接口。项目管理规划的体系应反映规划编制的基础工作，以及规划编制完成后的相关工作之间的系统联系。具体包括：各个相关计划的先后次序和工作过程关系；各相关计划之间的信息流程关系；计划相关的各个职能部门之间的协调关系；项目各参加者（如业主、承包商、供应商、设计单位等）之间的协调关系。

（三）公路工程施工项目管理规划的内容

在公路工程施工项目建设中，一方面，不同的人（单位）进行不同内容、范围、层次和对象的项目管理工作，所以不同人（单位）项目管理规划的内容必然会有一定的差别。另一方面，因为这些工作都是针对项目管理工作过程的，所以其主要内容在性质上是一致的，都应该包括相应的建设工程项目管理目标、项目实施策略、管理组织策略、项目管理模式、项目管理的组织规划，以及实施项目范围内工作涉及的各方面问题。

1.项目管理目标分析

项目管理目标分析的目的是确定适合建设项目特点和要求的项目目标体系。项目管理规划是为了保证项目管理目标的实现，所以目标是项目管理规划的灵魂。

项目立项后，项目的总目标已经确定。在这个阶段，还应确定编制项目管理规划的指导思想或策略，使各方面的人员在计划编制和执行过程中有总的指导方针。

2.项目实施环境分析

项目实施环境分析是项目管理规划的基础工作。在规划工作中，掌握相应的项目环境信息是开展各工作步骤的前提和依据。通过环境调查，可以确定项目管理规划的环境因素和制约条件，收集影响项目实施和项目管理规划执行的宏观和微观的环境因素资料，尽可能收集和利用以前同类工程项目的总结和反馈信息。

3.项目范围划定和项目结构分解

①根据项目管理目标分析，划定项目的范围。

②对项目范围内的工作进行研究和分解，即项目的系统结构分解。项目的系统结构分解是对项目前期确定的项目对象系统的细化过程。分解有助于项目管理人员更为精确地把握工程项目的系统组成，并为建立项目组织、进行项目管理目标的分解、安排各种职能管理工作提供依据。

4.项目实施方针和组织策略的制定

项目实施方针和组织策略的制定是确定项目实施和管理模式总的指导思想和总体安排，具体包括以下内容。

①如何实施该项目，业主如何管理项目，控制到什么程度。

②采取什么样的发包方式，采取什么样的材料和设备供应方式。

③哪些管理工作由内部组织完成，哪些管理工作由承包商或委托管理公司

完成，准备投入多少管理力量。

5.项目实施总规划中应明确的事项

①项目总体的时间安排、重要的里程碑事件安排。

②项目总体的实施顺序。

③项目总体的实施方案，如给排水方案、采购方案、现场运输和平面布置方案，以及各种组织措施等。

6.项目组织设计

项目组织策略分析的主要内容是确定项目的管理模式和项目实施的组织模式，通过项目组织策略分析，基本上建立公路工程项目组织的基本构架和责权利关系的基本思路。

（1）项目实施组织策略

包括采用的分标方式、采用的工程承包方式、项目可采用的管理模式。

（2）项目分标策划

即对项目结构分解得到的项目活动进行分类和发包，考虑哪些工作由项目管理组织内部完成，哪些工作需要委托。

（3）招标和合同策划工作

这里包括两方面的工作，即招标策划和合同策划。

（4）项目管理模式的确定

即业主所采用的项目管理模式，如设计管理模式，施工管理模式，是否采用监理制度等。

（5）项目管理组织设置

①项目管理组织体系构建。按照项目管理的组织策略、分标方式、管理模式等构建项目管理组织体系。

②部门设置。管理组织中的部门是指承担一定管理职能的组织单位，是某些具有紧密联系的管理工作和人员所组成的集合，它分布在项目管理组织的各个层次上。部门设计的过程实质上就是管理工作的组合过程，即按照一定的方

式，遵循一定的策略和原则，将项目管理组织的各种管理工作加以科学 分类与合理组合，进而设置相应的部门来承担，同时授予该部门从事这些管理业务所必需的各种职权。

③部门职责分工。绘制项目管理责任矩阵，针对项目组织中某个管理部门，规定其基本职责、工作范围、拥有权限、协调关系等，并配备具有相应能力的人员。

④管理规范的设计。为了保证项目组织结构能够按照设计要求正常地运行，需要制定项目管理规范。管理规范包含内容较多，在大型建设项目管理规划阶段，管理规范设计主要着眼于项目管理组织中各部门的责任分工，以及各项管理主要工作的流程设计。

⑤主要管理工作的流程设计。项目中的工作流程，按照其涉及的范围大小，可以分为不同层次。流程设计主要是规定部门之间在管理活动中的相互关系。在项目管理规定中，流程设计的成果是各种主要管理工作的工作流程图。

（6）项目管理信息系统的规划

对大型项目来说，必须对项目管理信息系统做出总体规划。

（7）其他

每一个项目都有自己的特点，因此，每一个具体的项目管理规划也应该因不同的对象而有所不同。

公路工程施工项目管理规划的各种基础资料和规划结果应形成文件，并具有可追溯性，以便沟通。

第二章　公路工程施工项目招标投标管理

第一节　招标投标管理要求

一、必须进行招标的范围和规模

下列公路工程施工项目必须进行招标，但涉及国家安全、国家秘密、抢险救灾或者实行以工代赈等不适宜进行招标的项目除外。

①投资总额在 3 000 万元人民币以上的公路工程施工项目。

②施工单项合同估算价在 200 万元人民币以上的公路工程施工项目。

③法律、行政法规规定应当招标的其他公路工程施工项目。

二、招标投标的监督管理

我国的交通运输部依法负责全国公路工程施工项目招标投标活动的监督管理。县级以上地方人民政府交通主管部门按照各自职责依法负责本行政区域内公路工程施工项目招标投标活动的监督管理。

三、招标人要求

公路工程施工项目招标的招标人应当是提出公路工程招标项目、进行公路工程招标的项目法人。

具备下列条件的招标人，可以自行办理招标事宜。

①具有与招标项目相适应的工程管理、造价管理、财务管理能力。

②具有组织编制公路工程施工招标文件的能力。

③具有对投标人进行资格审查和组织评标的能力。

四、招标文件的相关内容

（一）《公路工程标准施工招标文件》的部分使用说明

为加强公路工程施工招标管理，规范招标文件编制工作，交通运输部公路局会同国家发展改革委法规司，组织华杰工程咨询有限公司和国内专家对《公路工程标准施工招标文件》（2009 年版）进行修订并经审定形成了《公路工程标准施工招标文件》（2018 年版）（以下简称《公路工程标准招标文件》）。

《公路工程标准招标文件》适用于依法必须进行招标的各等级公路和桥梁、隧道建设项目，其他公路项目可参照执行。

招标人根据《公路工程标准招标文件》编制项目招标文件时，不得修改“投标人须知”正文和“评标办法”正文，但可在前附表中对“投标人须知”和“评标办法”进行补充、细化，补充和细化的内容不得与“投标人须知”和“评标办法”正文内容相抵触。

（二）招标文件的主要内容

①招标公告（或投标邀请书）。

②投标人须知。

③评标办法。

④合同条款及格式。

⑤工程量清单。

⑥图纸。

⑦技术规范。

⑧投标文件格式。

⑨投标人须知前附表规定的其他材料。

招标文件所作的澄清、修改，构成招标文件的组成部分。当招标文件、招标文件的澄清或修改等在同一内容的表述上不一致时，以最后发出的书面文件为准。

（三）公路工程投标文件的组成

①投标函及投标函附录。

②法定代表人身份证明或附有法定代表人身份证明的授权委托书。

③联合体协议书（如有）。

④投标保证金。

⑤已标价工程量清单。

⑥施工组织设计。

⑦项目管理机构。

⑧拟分包项目情况表。

⑨资格审查资料。

⑩承诺函。

⑪调价函及调价后的工程量清单（如有）。

⑫投标人须知前附表规定的其他材料。

（四）投标文件废标的情况

1.在开标时的两种废标情况

在开标过程中，若招标人发现投标文件出现以下任一情况，则经监标人确认后即可当场宣布为废标：①未在投标函上填写投标总价；②投标报价或调整函中的报价超出招标人公布的投标控制价上限。

2.在评标时的废标情况

在相应评标办法前附表中约定的各种情况，主要针对重大偏差情况明确了废标规定。

五、招标公告发布和编制招标文件的时间要求

招标人应当按照招标公告或者投标邀请书规定的时间、地点出售资格预审文件和招标文件。资格预审文件和招标文件的发售时间不得少于 5 日。招标人应当合理确定资格预审申请文件和投标文件的编制时间。编制资格预审申请文件的时间，自开始发售资格预审文件之日起至潜在投标人提交资格预审申请文件截止时间止，不得少于 14 日。编制投标文件的时间，自招标文件开始发售之日起至投标人提交投标文件截止时间止，高速公路、一级公路、技术复杂的特大桥梁、特长隧道不得少于 28 日，其他公路工程不得少于 20 日。

六、招标文件的批准或备案

国道主干线和国家高速公路网建设项目的工程施工招标文件应当报交通运输部备案，其他公路建设项目的工程施工招标文件应当按照项目管理权限报县级以上地方人民政府交通主管部门备案。

交通主管部门发现招标文件存在不符合法律、法规及规章规定内容的，应当在收到备案文件后的 7 日内，提出处理意见，及时行使监督检查职责。招标人如需对已出售的招标文件进行必要的澄清或修改，应当在投标截止日期 15 日前以书面形式通知所有招标文件收受人，并应当按照上述规定进行备案。

对招标文件澄清或者修改的内容为招标文件的组成部分。

七、标底的编制要求

招标项目可以不设标底，进行无标底招标。招标人设定标底的，可自行编制标底或者委托具备相应资格的单位编制标底。标底编制应当符合国家有关工程造价管理的规定，并应当控制在批准的概算以内。招标人应当采取措施，在开标前做好标底的保密工作。

八、对投标人的资质要求和资格审查要求的公平性

招标文件中关于投标人的资质要求，应当符合法律、行政法规的规定。招标人不得在招标文件中制定限制性条件阻碍或者排斥投标人，不得规定以获得本地区奖项等要求作为评标加分条件或者中标条件。

招标人审查潜在投标人的资格，应当严格按照资格预审的规定进行，不得

采用抽签、摇号等博彩性质的方式进行资格审查。

九、资格审查

（一）投标人的资格要求

①投标人应具备承担本标段施工的资质条件、能力和信誉，具体包括资质条件、财务要求、业绩要求、信誉要求、项目经理资格和其他要求。

②投标人须知前附表规定接受联合体投标的，除应符合投标人应具备承担本标段施工的资质条件、能力和信誉要求，以及投标人须知前附表的要求外，还应遵守以下规定。

第一，联合体各方应按招标文件提供的格式签订联合体协议书，明确联合体牵头人和各方权利义务。

第二，由同一专业的单位组成的联合体，按照资质等级较低的单位确定资质等级。

第三，联合体各方不得再以自己的名义单独或参加其他联合体在同一标段中投标。

第四，联合体所有成员数量不得超过投标人须知前附表规定的数量。

第五，联合体牵头人所承担的工程量必须超过总工程量的 50%。

第六，联合体各方应分别按照本招标文件的要求，填写投标文件中的相应表格，并由联合体牵头人负责对联合体各成员的资料进行统一汇总后一并提交给招标人；联合体牵头人所提交的投标文件应认为已代表了联合体各成员的真实情况。

第七，尽管委任了联合体牵头人，但联合体各成员在投标、签约与履行合同过程中，仍负有连带的和各自的法律责任。

③投标人不得存在下列情形之一：招标人不具有独立法人资格的附属机构

（单位）；为本标段前期准备提供设计或咨询服务的，但设计施工总承包的除外；为本标段的监理人；为本标段的代建人；为本标段提供招标代理服务的；与本标段的监理人或代建人或招标代理机构同为一个法定代表人的；与本标段的监理人或代建人或招标代理机构相互控股或参股的；与本标段的监理人或代建人或招标代理机构相互任职或工作的；被责令停业的；被暂停或取消投标资格的；财产被接管或冻结的；在最近 3 年内有骗取中标、严重违约或重大工程质量问题的；被省级及以上交通主管部门取消项目所在地的投标资格或禁止进入该区域公路建设市场且处于有效期内；投资参股本项目的法人单位；等等。

（二）资格审查的诚信要求和激励，以及不诚信的处理

各省级交通主管部门要加快市场信用体系建设，充分利用现有信用信息资源，体现“褒奖诚信，惩戒失信”的政策导向。对诚实守信单位，在招投标、履约保证金、质量保证金等方面给予一定的奖励，对存在不良信用信息的从业单位，在市场准入、招评标等方面适当惩戒，并加大对其承建项目的监管力度。项目法人应正确使用信用信息，对于省级交通主管部门作出的取消从业单位投标资格或禁止进入区域公路建设市场的行政处罚，要严格按照确定的市场范围和处罚期限执行，不得再以其他任何条件限制潜在投标人参与投标。

加强投标人资质条件的审核工作。严格核实投标人资质条件，防止持伪造的资质证书或不具备资质许可权力部门发放的资质证书的单位通过资格审查。对于招标公告，要求投标人具有公路工程施工总承包一级及以上资质、公路路基工程专业承包一级资质、公路路面工程专业承包一级资质，或公路交通工程通信、监控、收费综合系统工程分项资质的，招标人出售资格预审文件或招标文件（适用于资格后审）时，应通过公路工程施工一级以上资质企业名录（以下简称名录，全国公路建设市场信用信息管理系统启用后名录同时废止，招标人可查阅全国公路建设市场信用信息管理系统）进行审核。对于投标人未列入

名录，或投标人名称与名录不符的，应告知投标人及时办理有关更正事宜。对于资格审查时未列入名录的投标人，不得通过资格审查。

（三）资格预审的程序

1.初步审查

审查委员会依据初步审查标准，对资格预审申请文件进行初步审查。有一项因素不符合审查标准的，也不能通过资格预审。审查委员会可以要求申请人提交“申请人须知”标准规定的有关证明和证件的原件，以便核验。

2.详细审查

审查委员会依据详细的审查标准，对通过初步审查的资格预审申请文件进行详细审查。有一项因素不符合审查标准的，也不能通过资格预审。通过详细审查的申请人，除应满足初步审查标准和详细审查标准外，还不得存在下列任何一种情形：①不按审查委员会要求澄清或说明的；②有“申请人须知”标准规定的任何一种情形的；③在资格预审过程中弄虚作假、行贿或有其他违法违规行为的。

3.资格预审申请文件的澄清

在审查过程中，审查委员会可以以书面形式，要求申请人对所提交的资格预审申请文件中不明确的内容进行必要的澄清或说明。申请人的澄清或说明须采用书面形式，并不得改变资格预审申请文件的实质性内容。申请人的澄清和说明内容属于资格预审申请文件的组成部分。招标人和审查委员会不接受申请人主动提出的澄清或说明。

4.评分

通过详细审查的申请人不少于 3 个且没有超过资格审查办法前附表中所规定数量的，均通过资格预审，不再进行评分。

通过详细审查的申请人数量超过资格审查办法前附表中所规定数量的，审查委员会依据资格审查办法前附表中评分标准进行评分，按得分由高到低的顺序进行排序。

合格制的资格预审办法只需通过初步审查和详细审查即可，不设人数限制，并且不进行评分。

第二节　招标条件与程序

一、招标的条件

招标项目应具备以下条件：①初步设计文件已被批准；②建设资金已经落实；③项目法人已经确定，并符合项目法人资格标准要求。

（一）初步设计文件的内容和批准

1.初步设计文件的内容

初步设计文件的内容包括初步设计的概算和招标所需的设计图纸、技术资料等。

2.初步设计文件的批准

初步设计文件应当履行审批手续的，已经获得批准。招标范围、招标方式和招标组织形式等应当履行核准手续的，已经核准。

（二）建设资金已经落实的具体要求

根据《建筑工程施工许可管理办法》的规定，建设资金已经落实，是指建设工期不足 1 年的，到位资金原则上不得少于工程合同价的 50%；建设工期超过 1 年的，到位资金原则上不得少于工程合同价的 30%。建设单位应当提供本单位截至申请之日无拖欠工程款情形的承诺书或者能够表明其无拖欠工程款情形的其他材料，以及银行出具的到位资金证明，有条件的可以实行银行付款保函或者其他第三方担保。

（三）项目法人的确定与资格要求

《公路建设市场管理办法》第十一条和十二条的对于项目法人的规定如下：公路建设项目依法实行项目法人责任制。项目法人可自行管理公路建设项目，也可委托具备法人资格的项目建设管理单位进行项目管理。收费公路建设项目法人和项目建设管理单位进入公路建设市场实行备案制度。

二、招标的程序

公路工程施工项目招标应当按下列程序进行。

①确定招标方式，采用邀请招标的，应当按照国家规定报有关主管部门审批。

②编制投标资格预审文件和招标文件，招标文件按照有关规定进行备案（即国道主干线和国家高速公路网建设项目的工程施工招标文件应当报交通运输部备案，其他公路建设项目的工程施工招标文件应当按照项目管理权限报县级以上地方人民政府交通主管部门备案）。

③发布招标公告，发售投标资格预审文件；采用邀请招标的，可直接发出投标邀请书，发售招标文件。

④对潜在投标人进行资格审查。

⑤向资格预审合格的潜在投标人发出投标邀请书和发售招标文件。

⑥组织潜在投标人考察（踏勘）招标项目工程现场，召开标前会（投标预

备会）。

⑦接受投标人的投标文件，公开开标。招标人对投标人按时送达并符合密封要求的投标文件，应当签收，并妥善保存。招标人不得接受未按照要求密封的投标文件及投标截止时间后送达的投标文件。

⑧组建评标委员会评标，推荐中标候选人。评标办法有三种，分别是综合评估法、合理低价法、经评审的最低投标价法。公路工程施工招标评标一般应当使用合理低价法。使用世界银行、亚洲开发银行等国际金融组织贷款的项目和规模较小、技术含量较低的工程，可使用经评审的最低投标价法。不同的评标方法，其分值构成和评分标准不同。

⑨确定中标人，评标报告和评标结果按照相关规定备案并公示。除“投标人须知”前附表规定评标委员会直接确定中标人外，招标人依据评标委员会推荐的中标候选人确定中标人。依照“投标人须知”前附表的规定，评标委员会推荐中标候选人的人数一般不超过 3 人。

⑩发出中标通知书。

⑪与中标人订立公路工程施工合同。

第三节　投标条件、程序与文件组成

一、投标的条件

（一）投标人应具备的条件

1.投标人资质要求

（1）企业资质

投标人基本情况表应附企业法人营业执照副本（全本）的复印件（加盖单位章）、施工资质证书副本（全本）的复印件（加盖单位章）、安全生产许可证副本（全本）的复印件（加盖单位章）、基本账户开户许可证的复印件（加盖单位章）。

（2）人员资质

拟委任的项目经理和项目总工资历表应附项目经理（以及备选人）和项目总工（以及备选人）的身份证、职称资格证书，以及资格审查条件所要求的其他相关证书（如建造师注册证书、安全生产考核合格证书等）的复印件，应提供其担任类似项目的项目经理和项目总工的相关业绩证明材料复印件，并应附投标人所属社保机构出具的拟委任的项目经理和项目总工参加社保的有效证明材料（加盖社保机构单位章）。投标人在投标文件中填报的项目经理（以及备选人）和项目总工（以及备选人）不允许更换。

2.财务状况要求

近年财务状况表应附经会计师事务所或审计机构审计的财务会计报表，包括资产负债表、现金流量表、利润表和财务情况说明书的复印件，具体年份要求见投标人须知前附表。

3.工程业绩

近年完成的类似项目情况表应附中标通知书和（或）合同协议书、工程接收证书（工程竣工验收证书）的复印件，具体年份要求见投标人须知前附表。每张表格只填写一个项目，并标明序号。

工程接受证书（工程竣工验收证书）可以是发包人出具的公路工程（标段）交工验收证书，或竣工验收委员会出具的公路工程竣工验收鉴定书，或质量监督机构对各参建单位签发的工作综合评价等级证书。

正在施工和新承接的项目情况表应附中标通知书和（或）合同协议书复印件。每张表格只填写一个项目，并标明序号。

（二）投标的要求

投标人应当按照招标文件的要求，按时参加招标人主持召开的标前会议，并勘察现场。投标人应当按照招标文件的要求编制投标文件，并对招标文件提出的实质性要求和条件做出回应。

投标文件中投标函及投标函附录、投标报价部分应当由投标人的法定代表人或其授权的代理人签字，并加盖投标人印章，其他部分应当按照招标文件的要求签署。

投标文件按照要求送达后，在招标文件规定的投标截止时间前，投标人如需撤回或者修改投标文件，应当以正式函件提出并进行说明。修改投标文件的函件是投标文件的组成部分，其形式要求、密封方式、送达时间，适用对投标文件的规定。

投标人未按照要求密封的投标文件以及投标截止时间后送达的投标文件，招标人不得接受。

二、投标的程序

①投标人了解招标信息，申请投标。施工单位根据招标公告或投标邀请书，分析招标工程的条件，依据自身的实力选择投标工程。向招标人提出投标申请，并提交有关资料。

②接受招标人的资质审查。

③购买招标文件及有关技术资料。

④参加现场踏勘，并对有关疑问提出质询。

⑤编制投标书及报价。投标书是投标人的投标文件，是对招标文件提出的要求和条件做出的实质性响应。

⑥参加开标会议。

⑦接受中标通知书，与招标人签订合同。

三、投标文件的组成

投标文件的组成，也就是投标文件的内容。根据招标项目的不同，投标文件的组成也会存在一定的区别。投标人编写的投标文件主要包括以下内容。

（一）证明文件及有关资料

证明文件包括营业证书、委托书、银行资信证明、注册证书及交税证明等。有关资料包括投标人（业主）章程与简介、管理人员名单、资产负债表等，投标人应当按照规定提交上述证明文件与资料。

（二）投标函及投标函附录

投标函是需要填写的投标文件。投标人应当按照招标人的要求填写投标项目名称、投标人名称、投标人地址、投标总价等内容，并由投标人签名、盖章。另外，投标人还应按照要求对投标函附录进行填写。

（三）投标保证金

投标保证金一般采用银行保函的形式。保函应写明委托人（被担保人）名称、担保人名称、债权人名称、担保金额、担保期限及担保责任的范围等内容，并由担保人、被担保人共同签字、盖章。

（四）履约保证金

履约保证金一般也采用银行保函的形式。保函同样应写明委托人名称、担保人名称、债权人名称、担保金额、担保期限及担保的责任范围等内容，并由担保人、被担保人共同签字、盖章。

（五）报价单与工程量清单

投标人需要在报价单中填写工程名称、工程量、单价、成本价、总报价等，报价单须有投标人签字与单位公章。报价单（含工程量清单）随合同类型的不同而有差异，在单价合同中，一般将各项单价列在工程量清单表上，并按照业主的要求在全部单价中都附上单价分析表。

（六）施工规划

施工规划是投标文件的一项重要内容，也是投标人中标后履行合同时的工作计划。其内容包括施工方案、施工技术措施和施工进度计划，同时包括有关的工程机械设备清单、技术说明书和投标附件。

施工方案的主要内容为工程项目概况、准备采用的施工技术与施工方法。施工进度计划主要说明开竣工时间及整个工程的工期等。工程机械设备清单应详细列出工程拟采用的机械设备名称、规格（型号）、数量、制造厂家名称等，投标人提供上述内容的目的是说明这些机械设备能够满足工程的需要。投标人还可通过技术说明书对有关机械设备的性能、使用特点进行文字说明，以增强招标人的信任。投标附件是指投标人在投标文件外仍需申明的问题。

施工规划基本上由投标人自行确定格式编写，没有统一的规定及要求。

（七）资格审查表和辅助资料表

资格审查表是投标人填报和提交的文件资料，便于招标人对投标人的资格进行全面审查，已经资格预审过的投标人可不再填报。辅助资料表是投标人进一步说明参加工程的施工人员、机械设备和各项工作的安排情况，以便评标委员会在评标时进行比较。

（八）施工组织设计

通常来讲，评标办法不同，施工组织设计也会不同。下面具体分析适用于合理低价法和经评审的最低投标价法的施工组织设计。

投标人应按以下要点编制施工组织设计（文字宜精练、内容具有针对性）。

①总体施工组织、布置及规划。

②重点、关键和难点工程的施工方案。

③工期关键线路图及保证措施。

④关键工程质量保证措施。

⑤安全保证措施。

⑥环境保护、水土保持、文明施工、文物保护保障措施。

⑦项目风险预测与防范，事故应急预案。

⑧其他应说明的事项。

第三章　公路工程施工项目合同管理

第一节　项目合同

一、项目合同体系

公路工程（特别是大型项目）建设是一个很复杂的过程，需要涉及许多不同行业的单位，投入许多不同专业的人力，以及大量的资金设备。不同单位之间通过合同形成了不同的经济关系，从而形成了复杂的合同体系。其中，业主和承包人依法签订的施工合同是“核心合同”，业主又处于合同体系中的核心位置。

二、承包商的主要合同关系

承包商是工程施工的具体实施者，是工程承包合同的履行者。其要承担承包合同中约定的责任，包括工程量清单所确定工程范围的施工、竣工和缺陷责任及保修，并为完成这些工程提供劳动力、施工设备、材料，有时也包括技术设计。任何承包商都不可能、也不必具备所有的专业工程的施工能力、材料，以及设备的生产和供应能力。因此，其必须将一些专业施工（或工作）委托出去。这样，承包商除了需与业主签订承包合同，还需与其他单位签订合同。

（一）分包合同

对于一些大型工程项目的施工，承包商通常需要与其他承包商合作才能完成总承包合同中约定的各项任务。承包商把从业主那里承接到的工程中的某些分项工程或工作分包给另一承包商来完成时，要与其他承包商（即分包人）签订分包合同。承包商在总承包合同下可能订立许多分包合同，而分包人仅完成总承包商分包给自己的工程，向总承包商负责，与业主无合同关系。总承包商仍向业主担负全部工程责任，负责工程的管理和所属各分包人工作之间的协调，以及各分包人之间合同责任界面的划分，同时承担协调失误造成损失的责任，向业主承担工程风险。

在投标书中，承包商必须附上拟定的分包人名单和工程规模，供业主审查；未列入投标文件的专项工程，承包人不得分包。如果在工程施工中重新委托分包人，则必须经过监理工程师（或业主代表）的批准。

（二）采购合同

采购合同是指承包商为采购和供应工程所必要的材料、设备，与材料、设备供应商所签订的合同。

（三）运输合同

运输合同是承包商为解决材料、物资、设备的运输问题而与运输单位签订的合同。

（四）加工合同

加工合同是承包商将建筑构配件、特殊构件的加工任务委托给加工承揽单位而签订的合同。

（五）租赁合同

在公路工程施工中，承包商需要许多施工设备、运输设备、周转材料。当有些设备、周转材料在现场使用率较低，或自己购置需要大量资金投入而自己又不具备这个经济实力时，可以采用租赁的方式，与租赁单位签订租赁合同。

（六）劳务采购（或分包）合同

劳务采购（或分包）合同即由劳务供应商（或劳务分包人）向工程施工提供劳务，承包人与劳务供应商（或劳务分包人）之间签订的合同。

（七）保险合同

保险合同即承包商按施工合同要求对工程进行保险，与保险公司签订的合同。

（八）检测合同

检测合同即承包商与具有相应资质检测单位签订的合同。

上述承包商的主要合同关系如图 3-1 所示。承包商的这些合同都与工程承包合同相关，都是为了完成承包合同而签订的。

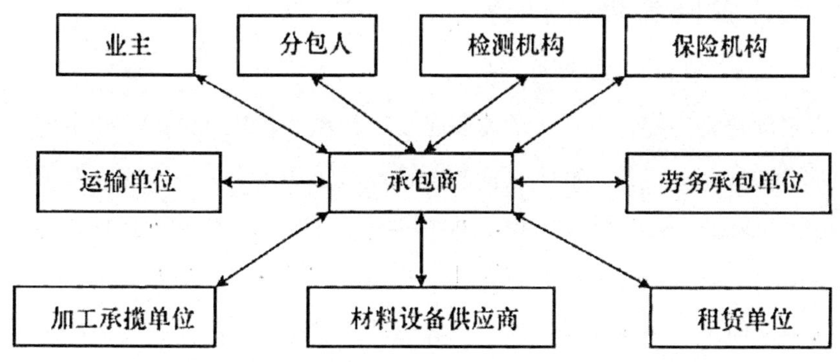

图 3-1　承包商的主要合同关系图

第二节 合同管理的概念、任务与主要工作

一、合同管理的概念

本节的合同管理主要指施工项目合同管理。施工项目合同管理是指有关的行政管理机关及合同当事人，依据法律、法规，采取法律、行政手段，对施工合同关系进行组织、指导、协调及监督，保护施工合同当事人的合法权益，处理施工合同纠纷，防止和制裁违法行为，保证施工合同顺利实施的一系列活动。

施工项目合同管理既包括各级工商行政管理机关、建设行政主管机关、金融机构对施工项目合同的管理，也包括发包单位、监理单位、承包单位对施工项目合同的管理。可将这些管理划分为以下两个层次：第一层次为国家机关及金融机构对施工项目合同的管理；第二层次为建设工程施工项目合同当事人及监理单位对施工项目合同的管理。

二、合同管理的任务

施工项目合同签订以后，承包商应及时指派工程项目经理，并由项目经理全面负责工程管理工作，组建包括合同管理人员的项目管理小组，着手进行工程的实施。此时，施工项目合同管理的工作重点就转移到施工现场，直到工程全部结束。

在施工阶段，合同管理的基本目标是：保证履行合同条款规定的各项责任与义务，按合同规定的工期、质量、价格（成本）等要求完成工程项目建设。

在整个工程施工过程中，合同管理的主要任务如下。

①对各工程小组、分包商等在合同关系上给予协调，并进行工作上的指导，如经常性地解释合同，对来往信件、会谈纪要等进行审查。

②对工程项目实施进行合同控制，保证承包商正确履行合同，保证整个工程按合同、按计划，有步骤、有秩序地施工，防止工程进行中出现失控现象。

③及时预见和防止合同实施过程中出现的问题，避免因合同争执造成的损失。对因干扰事件造成的损失进行索赔，同时又应使承包商免于承担责任，处于不被索赔的地位。

④向业主和各级管理人员提供合同实施的情况，以及提供用于决策的资料、建议和意见。

三、合同管理的主要工作

施工项目合同管理人员在施工阶段的主要工作，包括以下 5 个方面。

（一）建立合同管理保障体系

建立和完善合同管理体系，以保证合同实施过程中的日常工作顺利进行，使工程项目的全部事件处于控制中，保证施工项目合同目标的实现。

（二）做好合同的监督工作

监督承包商和分包商按合同条款要求组织施工，并做好各分合同的协调和管理工作。承包商应以积极合作的态度履行自己的合同责任，努力做好自身的监督工作。

（三）跟踪合同实施情况

收集合同实施信息和各种工程资料，对合同实施情况进行跟踪，并作出相应的信息处理；诊断合同履行情况，并将合同实施情况与合同资料进行对比分析，找出实施中的偏离问题，向项目经理及时通报合同实施情况及存在的问题，提出合同实施方面的意见与建议，甚至警告或投诉。

（四）进行合同变更管理

合同变更管理主要包括参与合同变更谈判、对合同变更进行事务处理、落实合同变更措施、修改合同变更资料、检查合同变更措施落实情况等。

（五）索赔和反索赔管理

索赔和反索赔管理主要包括承包商与业主之间的索赔和反索赔，以及承包商与分包商之间的索赔和反索赔。

第三节　合同文档管理与实施管理

一、合同文档管理

（一）合同文档管理的重要性

合同文档可为合同签订、合同分析、合同监督、合同跟踪、合同变更，以及施工索赔需提供的文档资料。合同文档可为合同管理人员编制各种工程报表，向项目经理提供意见与建议，为落实工程责任和协调方案制订等提供依据。合同管理人员的责任是负责合同文件资料的收集、整理和保存等管理工作。合同文档管理是以这些文件资料为基础的，同时又依据这些资料来开展工作，为领导者提供决策依据。

在工程招投标和合同实施过程中，许多承包商往往忽视合同文档管理的重要性，这不利于争执和索赔问题的解决。例如，合同额外工作的书面确认，合同变更指令不符合规定，错误的现场签证、会议纪要等未及时提出修改，重要合同文档未能保存，业主违约未书面确认等。

承包商忽视合同文档的收集、保存与管理，是因为这些文件在记录当时看起来价值不大。如果工程实施一切顺利，双方没有发生争执，那么许多文件资料确实没有价值，而且管理合同文档这项工作十分繁杂，需花费大量的精力和财力做好这份工作。实践证明，任何工程项目都会有这样或那样的风险，相关单位或人员都可能产生争执，这时就会用到工程文档所提供的大量证据。如果不重视合同文档管理，缺乏解决问题的有力证据，就会造成不可挽回的损失。

此外，合同文档管理属于信息管理的内容，它不仅仅可以解决相关争执，在整个项目管理中也具有十分重要的作用，是现代项目管理的重要组成部分。

（二）合同文档管理的内容

1.合同文件的收集

在工程施工合同实施的过程中，每天都要产生很多文件与资料，如图纸、技术变更、指令、报告、信件、记工单、领料单等。合同管理人员首要的任务就是做好这些文件资料的收集与整理，并将这些原始资料进行保存与管理。

2.合同文件的加工

上述的原始资料必须经过信息加工处理才可作为领导决策的依据，才能成为正式的报告文件或工程报表。

3.合同文件的储存

凡涉及与施工合同有关的文件资料，必须加以收集与保存，直到合同履行结束。为了查找和使用方便，必须建立和完善合同文档储存制度，并对合同文档进行科学储存，这也是现代项目管理的客观要求。

4.合同文件的提供

合同管理人员根据合同文件反映的问题，及时向业主、项目经理报告工程合同实施情况，同时也可为各职能部门、分包商在工程验收、索赔与反索赔等过程中提供资料与证据。

二、合同实施的管理

（一）施工合同履行的管理

1.业主和监理单位对合同履行的管理

业主和监理工程师在履行合同的过程中，应严格依照施工合同条款的规定，履行自身应尽的义务。施工合同规定由业主负责的各项工作是履行合同的基础，是为承包商开工及顺利施工创造的先决条件。

业主对施工合同履行的管理主要是通过监理工程师进行的，在合同履行管理过程中，业主、监理工程师应认真行使自己的权利，履行自己的职责，应对承包商的施工活动进行监督和检查。

2.承包商对合同履行的管理

在施工合同履行过程中，为确保施工合同各项指标的顺利实现，承包商需要建立一套完整的施工合同管理制度，以对施工合同履行实施有效的管理。其主要制度如下。

（1）岗位责任制度

岗位责任制度是承包商应建立的基本管理制度。它明确规定承包商负有施工合同管理任务的部门和人员的工作范围，履行合同中应负的责任和拥有的职权。只有建立合同管理岗位责任制度，才能使分工明确、责任落实，才能促进承包商施工合同管理工作的正常开展，保证合同目标的顺利实现。

（2）检查制度

承包商签约后，应建立施工合同履行的检查、监督制度，通过对履行合同的检查、监督，以发现存在的问题，督促有关部门和人员改进工作，认真履行合同的职责和义务。

（3）统计考核制度

这是利用科学管理的方法，对合同履行情况进行有效的管理。即利用统计数据，反馈施工合同履行情况，并通过对统计数据的分析，为承包商经营决策提供重要依据。

（4）奖惩制度

建立奖惩制度，有利于增强有关部门和人员在履行施工合同中的责任。奖优罚劣是奖惩制度的基本内容与要求，能够促进施工合同的顺利履行。

（二）施工合同实施的控制

1.合同目标的控制

施工合同目标控制是指合同订立的三大目标，即建设工程项目的工期、质量、成本三大目标。承包商的合同责任是达到这三大目标的要求，保证建设工程项目施工任务的圆满完成。

2.合同实施的控制

合同实施的控制主要包括以下 3 个方面。

①承包商除了必须按合同规定的进度计划、质量要求完成施工任务，还必须对工程项目施工现场的安全、秩序、清洁和工程保护等负责。同时，承包商有权获得合同实施中必需的工作条件，如具备必需的图纸、指令、场地和道路；要求现场工程师客观、正确地解释合同，以及及时、如数地获得工程付款；有

权选择科学、合理的施工方案；有权对业主和现场工程师的违约要求索赔等。这一切都必须通过合同控制来实现。

②合同控制具有动态性，主要表现在以下两个方面：一方面，合同实施常常受外界干扰，使其偏离目标，需要不断地进行调整；另一方面，合同目标也在不断变化，如不断出现的合同变更，使工期、质量、成本发生变化，从而使合同双方的责任与权益也发生变化。因此，合同实施的控制必须是动态的，合同实施是随着变化的情况不断进行调整的。

③承包商的合同控制不仅针对与业主的工程承包合同，还包括与总合同相关的其他合同，如分包合同、供应合同、运输合同、租赁合同等，同时还包括总合同与各个分合同，以及各分合同之间的协调控制。

合同实施的控制可以使工程进度控制、质量控制、成本控制协调一致，进而形成一个有序的项目管理过程。

（三）施工合同实施的监督

施工合同实施的监督主要包括以下工作。

①合同管理人员会同各职能人员落实合同实施计划，为各工程队组、分包商提供必要的施工保证。例如，督促施工现场人工、材料、机械等计划的落实，协调工序之间的搭接关系，以及做好其他一些必要的准备工作。

②在合同条款范围内，协调业主、工程师、项目各管理人员、各工程队组与分包商之间的关系，解决合同实施中出现的问题。例如，合同责任界面不清而发生的争执、工程施工活动在时间和空间上的不协调等。

③合同管理人员要经常性地做好合同解释工作，对工程队组和分包商进行工作指导，使他们有全局观念。对工程实施中发现的问题提出意见、建议和警告，如促使工程师放弃不适当、不合理的指令，弥补工程师工作的缺陷与不足，保证工程更为顺利地进行。

④合同管理人员会同各职能人员检查、监督各工程队组、分包商的合同实

施情况，主要是对照合同目标要求的工程进度、技术标准、工程质量等进行检查，发现问题并及时采取改进措施。对已完成的工程做最后的检查核对，对未完成的工程或有缺陷的工程指令限期采取补救措施，以免影响合同工期目标的完成。

⑤按施工合同要求，合同管理人员会同业主、工程师等对工程所用材料、设备进行检查和验收，查看是否符合图纸、技术规范和质量要求。进行隐蔽工程和已完工程的检查验收，负责工程验收文件的起草和工程验收的组织工作。

⑥合同管理人员会同工程造价师（工程预决算人员）对承包商或分包商向业主提交的工程收款账单进行审查和确认。

⑦合同管理人员负责向业主提交书面的请示、答复，对分包商下达的指令等进行审查并记录在案。参与承包商与业主、或与分包商之间争议问题的协商和解决，并对解决结果按合同条款和法律的规定进行审查、分析及评价，从而保证工程施工活动始终处于严格的合同监督中，也使承包商的各项工作更有预见性。

第四节　合同纠纷

一、合同纠纷的产生与防范

（一）施工合同纠纷的常见类型

合同纠纷的范围广泛，涵盖了一项合同从成立到终止的整个过程。施工合同常见的纠纷有以下几种主要类型。

①施工合同主体纠纷。

②施工合同工程款纠纷。

③施工合同质量纠纷。

④施工合同分包与转包纠纷。

⑤施工合同变更和解除纠纷。

⑥施工合同竣工验收纠纷。

⑦施工合同审计纠纷。

（二）施工合同纠纷的成因与防范措施

合同纠纷产生的原因是多方面的，也是十分复杂的。为了尽可能减少合同纠纷及违约事件发生，总体上，各方当事人需要提高和强化合同意识、诚信履约意识和合同管理意识，建立、完善和落实合同管理体系、制度，正确使用合同标准文本，提高风险管理能力和水平。

在具体项目上，各方当事人应从以下两方面入手解决问题：首先，签订合同要严肃认真；其次，在履约过程中，合同各方当事人应及时交换意见，或按标准合同条款规定，及时与监理工程师进行沟通，尽可能及时处理合同执行中的问题，不要将问题累积下来。

二、和解

（一）和解的含义

和解是指合同纠纷当事人在自愿友好的基础上，依照法律法规的规定和合同的约定，自行协商解决合同争议。

和解是双方在自愿、友好、互谅的基础上进行的。实事求是地分清责任是和解解决合同纠纷的基础。和解应遵循合法、自愿、平等和互谅互让等原则。

和解具有局限性。和解所达成的协议能否得到切实、自觉的遵守，完全取决于争议当事人的诚意和信誉。如果在双方达成协议之后，一方反悔，拒绝履行应尽的义务，协议就成为一纸空文。在实践中，当争议标的金额巨大或争议双方分歧严重时，通过协商达成谅解是比较困难的。

（二）和解解决合同争议的程序

和解解决建设工程合同纠纷所适用的程序与建设工程合同的订立、变更或解除所适用的程序大致相同，通常采用要约、承诺等方式。一般是在建设工程合同纠纷发生后，由一方当事人以书面的方式向对方当事人提出解决纠纷的方案，方案应当是比较具体、比较完整的。另一方当事人对提出的方案可以根据自己的意愿做一些必要的修改，也可以再提出一个新的解决方案。然后，对方当事人又可以对新的解决方案提出新的修改意见。双方当事人经过反复协商，直至得到双方都愿意接受的和解协议。双方当事人认为建设工程合同所发生的纠纷可用自行和解的方式解决时，应订立书面的协议，以此作为对原合同的变更或补充。

三、调解

（一）调解的含义

调解是指合同当事人对合同所约定的权利、义务发生争议，不能达成和解协议时，在经济合同管理机关或有关机关、团体等的主持下，通过对当事人进行说服教育，促使双方互相做出适当的让步，平息争端，自愿达成协议，以求解决经济合同纠纷。

合同纠纷的调解往往是当事人经过和解仍不能解决纠纷后采取的方式，因此与和解相比，它所涉及的纠纷要更严重一些。与诉讼、仲裁相比，其仍具有与和解相似的优点：它能够较经济、较及时地解决纠纷；有利于消除合同当事人的对立情绪，维护双方的长期合作关系。

（二）调解的程序

通常可以按以下程序进行调解：①纠纷当事人向调解人提出调解意向；②调解人作调解准备；③调解人协调和说服；④达成协议。

（三）调解的种类

1.行政调解

行政调解是指合同发生争议后，根据双方当事人的申请，在有关行政主管部门主持和协调下，双方自愿达成协议的解决合同争议的方式。

2.法院（司法）调解或仲裁调解

该调解方式是指合同争议诉讼或仲裁过程中，在法院或仲裁机构的主持和协调下，双方当事人进行平等协商，自愿达成协议，并经法院或仲裁机构认可从而终结诉讼或仲裁程序。调解成功，法院或仲裁需要制作调解书，这种调解书一旦由当事人签收就具有与法院判决书或仲裁裁决书同等的法律效力。

3.人民（民间）调解

人民（民间）调解是指合同发生争议后，当事人共同协商，请有威望、受信赖的第三人，包括人民调解委员会、企事业单位或其他经济组织、一般公民、律师、专业人士等作为中间调解人，双方合理合法地达成解决争议的协议（书面、口头均可）。

四、争议评审（裁决）

（一）争议评审（裁决）的含义

争议评审（裁决）是争议双方通过事前协商，选定独立公正的第三人对其争议做出决定，并约定双方都愿意接受该决定约束的一种解决争议的程序。这是近年来解决国际工程合同争议的一种新方式。

（二）争议评审（裁决）的优点

①具有施工和管理经验的技术专家的参与，使处理方案符合实际，有利于执行。

②节省时间，解决争议便捷。

③解决成本比仲裁或诉讼要低；

④评审（裁决）决定并不妨碍当事人提起仲裁或诉讼。

（三）争议评审（裁决）的种类

1.争端评审委员会

争端评审委员会（Dispute Review Board, DRB）是 20 世纪 70 年代首先在美国成立起来的。美国科罗拉多州的艾森豪威尔隧道工程包含总价值 1.28 亿美元的土建、电器和装修 3 个合同，在工程实施的 4 年里发生了 28 起争议，均通过 DRB 的调解得到解决，其解决方案得到当事双方的认可和执行。这种调解方式成功引起了美国工程界的广泛关注。

1995 年 1 月，世界银行发布的工程采购标准招标文件中正式规定以 DRB 替代工程师解决争议：5 000 万美元以上的项目必须采用 DRB；低于 5 000 万美元的项目的争端处理办法可由合同双方商定采用下述三种方式中的任一种调解争议，这三种方式为 DRB、只有一人的争议评审专家（Dispute Review

Expert, DRE）、工程师（工程师必须独立于业主之外）。

2.争端裁决委员会

国际咨询工程师联合会（其法文名称缩写为 FIDIC）在 1995 年编制的《设计——建造与交钥匙工程合同条件》（橘皮书）中提出用争端裁决委员会（Dispute Adjudication Board, DAB）替代过去版本中依靠工程师解决争议的办法。在 1999 年出版的《施工合同条件》（新红皮书）、《生产设备和设计——建造合同条件》（新黄皮书）、《设计采购施工（EPC）/交钥匙工程合同条件》（银皮书）中，均统一采用 DAB，并且附有《争议裁决协议书的通用条件》和《程序规则》等文件。

根据建设项目的规模、工期和复杂程度的不同，DAB 可由 1 人或 3 人组成。对工程合同金额超过 2 500 万美元的项目，FIDIC 建议采用 3 人组成的 DAB。

DAB 成员应是工程师或其他建造专业人士，DAB 的决定应采用书面形式，如果在规定的时间内任何一方没有提出异议，则该决定具有最终的约束力。

DAB 有常设和临时两种类型，可根据项目的具体情况选择其中一种，也可两者都有。

常设 DAB 是在承包商实施工程前任命，直至工程竣工。有的项目，DAB 会运作好几年。常设 DAB 通过对施工现场的定期考察，解决施工争议，常常适用于土木工程的施工。合同双方应在开工后 28 日内共同指定 DAB，对施工中发生的争议，在寻求 DAB 决定前，可共同征询 DAB 的意见，预知双方各自的权利，以避免争议决定后的风险。

FIDIC 还规定，合同一方不得单独征询 DAB 的意见。对于常设 DAB，其每年对施工现场考察不得少于 3 次，并应在施工关键时刻进行，由合同双方向 DAB 所有成员提供 1 份合同文件及其所要求的其他文件，考察结束，DAB 应写出考察报告。当合同双方发生争议时，DAB 一般会先举行听证会，由合同双方提供书面资料，保证争议各方均有充分陈述意见的机会。DAB 的决定应采用书面形式，其内容还应包括争议事项的概述、相关事实、决定的原则等。

临时 DAB 是指仅在合同双方发生争议时组成的争议裁决委员会，其在合同双方的争议解决后即行解散。采用临时 DAB 的目的是降低解决争议的费用。

（四）解决争议的程序

DRB 和 DAB 二者解决争议的程序大同小异，具体如下。

①采用争议评审（裁决）解决争议的协议或条款。

②成立争议评审（裁决）组（委员会）。关于委员的选定，DAB 与 DRB 均是在规定时间内由合同双方各推举 1 人，然后由对方批准。DAB 是由合同双方和这两位委员共同推举第三位委员任主席，DRB 则是由被批准的两位委员推选第三人。

③申请评审（裁决）。申请人向争议评审（裁决）组提交一份详细的报告（副本同时提交给被申请人和监理人）。

④被申请人向争议评审（裁决）组提交一份答辩报告（副本同时提交给申请人和监理人）。

⑤争议评审（裁决）组邀请双方代表和有关人员举行调查会。

⑥争议评审（裁决）组做出书面评审（裁决）决定。合同任何一方就工程师未能解决的争端提出书面报告后，DAB 应在 84 日内做出书面决定，DRB 一般要在 28～56 日内做出书面决定。

发包人或承包人若接受评审（裁决）意见，须遵照执行。若不接受评审（裁决）意见，则可提交仲裁或提起诉讼。双方收到决定或建议书后，如在一定时间内（DAB 为 28 日，DRB 为 14 日）未提出异议，即应遵守执行。

五、仲裁

（一）仲裁的含义

仲裁，又称为公断，是指当发生合同纠纷而协商不成时，仲裁机构根据当事人的申请，对其相互之间的合同争议，按照仲裁法律规范的要求进行仲裁并作出裁决，从而解决合同纠纷的法律制度。

根据《中华人民共和国仲裁法》规定：当事人没有仲裁协议，一方申请仲裁的，仲裁委员会不予受理；当事人达成仲裁协议，一方向人民法院起诉的，人民法院不予受理，但仲裁协议无效的除外。

仲裁协议是指双方当事人自愿将争议提交仲裁机构解决的书面协议。它包括合同中订立的仲裁条款和以其他书面方式在纠纷发生前或者纠纷发生后达成的请求仲裁的协议。仲裁协议应当具有下列内容：①请求仲裁的意思表示；②仲裁事项；③选定的仲裁委员会。

（二）仲裁的原则

1.自愿原则

当事人采用仲裁方式解决纠纷，应当贯彻双方自愿原则，达成仲裁协议。如有一方不同意进行仲裁，仲裁机构即无权受理合同纠纷。

2.公平合理原则

仲裁的公平合理，是仲裁制度的生命力所在。这一原则要求仲裁机构要充分搜集证据，听取纠纷双方的意见。仲裁应当根据事实。同时，仲裁应当符合法律规定。

3.仲裁依法独立进行原则

仲裁机构是独立的组织，相互间无隶属关系。仲裁依法独立进行，不受行政机关、社会团体和个人的干涉。

4.一裁终局原则

由于仲裁是当事人基于对仲裁机构的信任做出的选择，因此其裁决是立即生效的。裁决做出后，当事人就同一纠纷再申请仲裁或向人民法院起诉，仲裁委员会或者人民法院不予受理。

（三）仲裁的程序

①合同当事人向仲裁机构提交仲裁的申请。仲裁申请书应依据规范载明下列事项：当事人的基本信息；仲裁请求和所根据的事实、理由；证据和证据来源、证人姓名和住所。

②仲裁的受理。仲裁委员会收到仲裁申请书之日起 5 日内，认为符合受理条件的，应当受理，并通知当事人；认为不符合受理条件的，应当书面通知当事人不予受理，并说明理由。

③仲裁委员会向申请人、被申请人提供仲裁规则和仲裁员名册。

④被申请人向仲裁委员会交答辩书，仲裁委员会将答辩书副本送达申请人。未提交答辩书的，不影响仲裁程序的进行。

⑤组成仲裁庭。仲裁庭不是常设机构，采用一案一组庭。仲裁庭可以由 3 名仲裁员（合议制仲裁庭）或 1 名仲裁员（独任制仲裁庭）组成。由 3 名仲裁员组成的，设首席仲裁员。当事人约定由 3 名仲裁员组成仲裁庭的，应当各自选定或者各自委托仲裁委员会主任指定 1 名仲裁员，第三名仲裁员由当事人共同选定或者共同委托仲裁委员会主任指定。第三名仲裁员是首席仲裁员。当事人约定由 1 名仲裁员成立仲裁庭的，应当由当事人共同选定或者共同委托仲裁委员会主任指定仲裁员。

⑥开庭。仲裁应当开庭进行。当事人协议不开庭的，仲裁庭可以根据仲裁申请书、答辩书以及其他材料做出裁决，仲裁不公开进行。当事人协议公开的，可以公开进行，但涉及国家秘密的除外。

申请人经书面通知，无正当理由不到庭或者未经仲裁庭许可中途退庭的，可以视为撤回仲裁申请。被申请人经书面通知，无正当理由不到庭或者未经仲裁庭许可中途退庭的，可以缺席裁决。

⑦裁决。裁决应当按照多数仲裁员的意见做出，少数仲裁员的不同意见可以记入笔录。仲裁庭不能形成多数意见时，裁决应当按照首席仲裁员的意见做出。

仲裁庭仲裁纠纷时，其中一部分事实已经清楚，可以就该部分先行裁决。

对裁决书中的文字、计算错误或者仲裁庭已经裁决但在裁决书中遗漏的事项，仲裁庭应当补正；当事人自收到裁决书之日起 30 日内，可以请求仲裁补正。

裁决书自作出之日起发生法律效力。

⑧执行。仲裁委员会的裁决作出后，当事人应当履行。由于仲裁委员会本身并无强制执行的权力，因此，当一方当事人不履行仲裁裁决时，另一方当事人可以依照《中华人民共和国民事诉讼法》有关规定向人民法院申请执行。接受申请的人民法院应当执行。

（四）申请撤销裁决

当事人提出证据证明裁决有下列情形之一的，可以向仲裁委员会所在地的中级人民法院申请撤销裁决：

①没有仲裁协议的；

②裁决的事项不属于仲裁协议范围或者仲裁委员会无权仲裁的；

③仲裁庭的组成或者仲裁的程序违反法定程序的；

④裁决所根据的证据是伪造的；

⑤对方当事人隐瞒了足以影响公正裁决的证据的；

⑥仲裁员在仲裁该案时有索贿受贿、徇私舞弊、枉法裁决行为的。

人民法院经组成合议庭审查核实裁决有上述规定情形之一的，应当裁定撤销。当事人申请撤销裁决的，应当自收到裁决书之日起 6 个月内提出。人民法院应当在受理撤销裁决申请之日起 2 个月内作出撤销裁决或者驳回申请的裁定。

人民法院受理撤销裁决的申请后，认为可以由仲裁庭重新仲裁的，通知仲裁庭在一定期限内重新仲裁，并裁定中止撤销程序。仲裁庭拒绝重新仲裁的，人民法院应当裁定恢复撤销程序。

第四章　公路工程施工项目现场管理

第一节　施工现场管理概述

一、施工现场管理的概念

施工现场管理是指从施工项目合同签订直至工程竣工所进行的各项管理工作的总称。按阶段划分，其可分为施工准备阶段管理和施工阶段管理。施工准备阶段管理是指为了工程项目施工的顺利进行而开展的技术准备、施工力量组织及各项基础工作。施工阶段管理是指为了使工程项目施工顺利完成而进行的各项调度和控制工作。

二、施工现场管理职能

公路工程项目施工现场管理主要具有以下四个职能。

①计划职能。在实施施工管理的全过程中，应将全部目标和全部经营活动纳入计划的轨道，用一个动态的计划来协调控制整个施工项目。

②组织职能。通过职权划分、授权、合同的签订与执行和运用各种规章制度等方式，建立统一高效的组织体系，以确保项目目标的实现。

③协调职能。在项目施工过程中，相关人员需要在不同阶段、不同部门、不同层次间进行协调与沟通。

④控制职能。项目施工主要通过计划、决策、实施、反馈、调整来对项目实行有效的控制，其控制的中心内容是质量控制、工期控制、成本控制和安全控制。

三、施工现场管理的目标和任务

公路工程施工现场管理的目标是在确保承包合同规定的工期和质量要求的前提下，降低工程成本。然而，质量、工期、成本三者不是彼此孤立的，施工现场管理的基本任务就是求得上述三大目标的和谐统一。据此，施工现场管理的基本任务是：合理组织项目的施工过程，充分利用人力、物力，有效使用时间和空间，保证综合协调施工，按期、保质并以较低的工程成本完成工程任务。

第二节　施工准备阶段管理

施工准备阶段是公路工程项目施工的首要环节，其基本任务是为工程的顺利施工创造必须的条件。其主要工作包括以下几个方面。

一、技术准备

（一）研究和熟悉设计文件并进行现场核对

组织有关人员学习设计文件，是为了对设计文件进行了解和研究，使施工人员明确设计者的设计意图，熟悉设计图纸的细节，掌握设计人员收集的各种原始资料，对设计文件进行现场核对。其主要内容包括以下几个方面。

①各项计划的布置、安排是否符合国家有关方针政策和规定。

②设计文件所依据的水文、气象、土壤等资料是否准确、可靠、齐全。

③对水土流失、环境影响的处理措施是否得当。

④路基平、纵、横断面，构造物总体布置和桥涵结构物形式等是否合理，相互之间是否有错误和矛盾。

⑤核对路线中线、主要控制点、水准点、三角点、基线等是否准确无误，主要构造物的位置、尺寸大小、孔径等是否恰当，能否采用更先进的技术或使用新型材料。

⑥路线或构造物与农田、水利、航道、公路、铁路、电讯、管线及其他建筑物的互相干扰情况及其解决办法是否恰当，干扰可否避免。

⑦对地质不良地段采取的处理措施是否得当。

⑧主要材料、劳动力、机械台班等计算（含运距）是否准确。

⑨施工方法、料场分布、运输工具、道路条件等是否符合实际情况。

⑩临时便桥、便道、房屋布设是否合理，电力、电讯设备、桥梁吊装方案、设备、临时供水、场地布置等是否恰当。

⑪各项协议文件是否齐备、完善。

⑫工程验算以及采用的定额是否合理。如现场核对时发现设计不合理或错误之处，则应作好详细记录并拟定修改意见，待设计技术交底时提交。

（二）现场补充调查

现场补充调查的目的是为编制施工组织设计进行资料准备。这与投标前的事前调查在大的范围上是基本一致的，但是深度不同。因为编制施工组织设计要求掌握的资料更为具体和详细。调查的主要内容有以下几个方面。

①施工地区的自然条件，如气象、水文、地质、地形情况等。

②地方材料市场及供应情况，如灰、砂、石等地方材料的生产、质量、价格、供应条件等。同时必须了解材料供应季节性的特点和要求。

③施工地区的交通运输条件，如现有交通运输设施条件及可能为施工服务的能力等。

④施工地区可供施工使用的施工机械设备情况，包括数量、规格、能力等。

⑤施工现场情况，如有无障碍物和待拆迁的设施、可供施工利用的原有建筑物及设施、可作为施工临时用地的面积大小等。

⑥当地市政、公用服务设施情况，如当地供水、供电、通信、生活、医疗等方面的条件，可为施工服务的能力等。

⑦施工地区的其他建筑安装企业、建筑制品或构件工厂的可能协作配合条件，以及当地可作为临时工的劳动力情况等。

⑧施工地区对环境保护、防治施工公害方面的要求及技术标准等。

（三）设计交桩和设计技术交底

在工程正式施工之前，勘测设计单位应向施工单位进行交桩和设计技术交底。

交桩应在现场进行，设计单位将路线测设时所设置的导线控制点、水准点及其他重要点位的标志逐一移交给施工单位，施工单位在接受这些控制点后，要采取必要措施对其妥善加固保护。

设计技术交底一般由建设单位主持，设计、监理和施工单位参加。交底时，设计单位应说明工程的设计依据、设计意图和功能要求，并对某些特殊结构、新材料、新技术以及施工中的难点和需注意的方面详细说明，提出设计要求。针对施工单位在研究设计文件中发现的问题及有关修改设计的意见，由设计单位对有关问题进行澄清和解释，对于合理的修改意见，经讨论认为确有必要，可在统一认识的基础上，对所讨论的结果逐一记录，并形成纪要，参加单位共同会签。

（四）建立工地试验室

在公路工程施工过程中，必须进行各种材料试验，以便选用合适的材料及材料性能参数。只有这样，才能保证公路工程结构物的强度和耐久性，并有利于掌握各种材料的施工质量指标，保证结构物的施工质量。

工地试验室是为施工现场提供直接服务的试验室，主要任务是配合路基、路面施工，对工地所用的各种原材料、加工材料及结构性材料的物理力学性能，以及施工结构的几何尺寸等技术参数进行检测。

一个比较正规的工地试验室，应配备 3～6 个基本试验人员。其中，试验室主任或负责人 1 人，试验员 2～5 名；至少应有 100 m^2 的试验用房。试验室除了配备加热设备、测温仪器、计量衡器、计时仪表等一些通用的仪具，还应根据施工过程中需进行的试验，以及检查测试项目配备相应的专用试验仪具。

（五）编制施工组织设计

公路施工组织设计是指导公路施工的基本技术经济文件。编制施工组织设计的目的在于全面、合理、有计划地组织施工，从而具体实现设计意图，按质、按量、按期完成施工任务。实践证明，如果一个工程的施工组织设计编制得好，能正确地反映客观实际，并能得到认真地执行，该工程的施工就可以有条不紊地进行，否则就会出现盲目施工的混乱局面，造成不必要的损失。

（六）编制施工预算

施工预算是在施工图预算的基础上，根据施工图纸、施工组织设计或施工方案、施工定额等文件进行编制的，是企业内部控制各项成本支出、考核用工、签发施工任务单、限额领料和进行经济核算的依据。

二、物资准备

物资准备主要包括以下内容。

①路基、路面工程所需的砂石料、石灰、水泥、工业废渣、沥青等材料的准备。

②沿线结构物所需的钢材、木材、砂石料和水泥等材料的准备。

③施工工艺设备的准备。

④其他各种小型生产工具、小型配件等的准备。

物资准备是一项非常重要的工作，相关人员应与施工组织设计及作业计划结合后再进行相应内容的准备，这样可以在一定程度上避免因准备不足而造成工程窝工，或因准备过剩而造成材料的积压、变质和机械台班的闲置。

三、施工管理组织的组建

施工企业通过投标方式获得工程施工任务后，应根据签订的施工合同要求，迅速组建符合本工程实际情况的施工管理机构，组织施工队伍进场施工。施工管理的组织机构是指为了实现项目的总目标，对所需一切资源进行合理配置而建立的，以项目经理为项目实施的最高领导者、组织者和责任者，以分工协作、责权利一致、命令统一、精干高效等为原则的一次性临时组织机构。

（一）施工管理组织机构的类型

工程项目施工管理组织机构有多种类型，分别适应于规模、地域、工艺技术等各不相同的工程项目。根据我国的具体情况及以往的公路施工经验，比较合理的组织机构类型有以下三种：

1.部门控制式

它是在不打乱企业现行建制的条件下，把项目委托给企业内部某一工程处或施工队，由其组织项目实施的管理组织形式。一般适用于小型简单项目和单一专业型项目，不须涉及众多部门，职责明确，职能专一，关系简单，便于协调。这种形式不适应大型复杂项目或涉及多个部门的项目，局限性较大。

2.混合工程队式

这是完全按照对象原则组建的项目管理组织机构，适用于大型项目和工期要求紧迫的项目，或者要求多工种、多部门密切配合的项目。项目管理组织成员来自公司内不同部门和单位。首先聘任项目经理，项目经理从有关部门抽调人才组成项目管理班子，该项目管理班子归其指挥。项目完成后，工程队成员仍回原单位。

3.矩阵式

这是现代大型项目管理中应用最为广泛的新型组织形式，我国已有一些施工企业开始采用这种形式。当企业同时承担多个项目，对专业技术和管理人才需求量很大，而施工企业人才资源又有一定限度，且大型复杂项目又要求多部门、多工种配合实施，对人工利用率要求很高时，该组织形式最适用。在矩阵组织中，永久性专业职能部门和一次性项目管理组织同时交互起作用。

矩阵式管理组织的具体做法是公司设置综合性的具有弹性的管理科室，科室负责人根据不同项目的需要和忙闲程度，将本部门的专业人员在项目之间进行增减调配：项目经理部则视项目管理需要，在项目经理之下设经营经理、施工经理、生活经理等，这样便使得项目管理中既有职能系统的竖向联系，又有以项目为中心的横向联系。纵向上表现出施工生产上的决断，横向上表现出现场动作协调、平衡。对劳务作业力量实行切块分包任务的方式，根据项目网络计划的需要确定进场时间，完成任务后自行撤离现场，从而为项目提供一支灵活机动、弹性多变的施工力量。一个项目由多个工程队承担，一个工程队同时用于多个项目，利用各项目施工高潮的错落起伏统筹安排、穿插交错、多点使用，使人力、财力、物力得到最大限度的利用。

（二）项目管理组织类型的选择

企业要根据企业自身与项目的具体条件因地制宜地选择项目管理的组织形式。一般说来，应考虑的因素有企业人员素质、管理基础的情况，以及项目本身的规模、技术复杂程度、专业多寡、项目经理的素质与能力。

四、建立健全各项管理制度

为了保证工程按设计要求的质量、计划规定的进度和低于合同总价的成本，安全、顺利地完成施工任务，应针对施工管理工作复杂、困难的特点，建立一整套完善的施工管理制度，采用科学的管理方法，切实有效地开展工作。

（一）施工计划管理制度

施工计划管理是施工管理工作的中心环节，一切其他管理工作都要围绕计划管理来开展。计划管理包括编制计划、实施计划、检查和调整计划等环节。由于公路施工受自然条件的影响较大，其他客观情况的变化也难以准确预测，这就要求施工计划必须经过相关人员的充分调查研究后再编制，同时在执行过程中应随时检查，发现问题及时采取措施解决，必要时还应对计划进行调整修改，使之符合新的客观情况，保证计划的实现。

（二）工程技术管理制度

施工技术管理是对施工技术进行一系列组织、指挥、调节和控制等活动的总称。其主要内容包括：施工工艺管理、工程质量管理、技术革新和技术改造、技术文件管理等。要搞好各项技术管理工作，关键是建立并严格执行各项技术管理制度。有了健全的技术管理制度，又能认真执行，才能更好地发挥技术管理作用，圆满地完成技术管理的任务。

（三）工程成本管理制度

工程成本管理制度是施工企业为降低工程成本而进行的各项管理工作的总称。工程成本管理与其他管理工作有着密切的联系，施工企业总的技术水平和经营管理水平的高低，均能直接或间接地反映在成本这个指标上。工程成本的降低表明施工企业在施工过程中活劳动（支付劳动者的报酬）和物化劳动（生产资料）的节约，活劳动的节约说明劳动生产率的提高，物化劳动的节约则说明机械设备利用率的提高和建筑材料消耗率的降低。因此，建立成本管理制度，对加强工程成本的管理，不断降低工程造价，具有十分重要的意义。

（四）施工安全管理责任制

在公路工程施工中，加强安全管理是非常重要的内容，不仅可以有效预防安全事故发生，还能保证施工现场良好秩序，有利于施工任务严格按照进度计划完成，防止延误工期。因此，应建立施工安全管理责任制，加强安全检查，开展安全教育，在保证安全施工的前提下，创优质工程。

五、施工现场的准备

现场准备主要包括以下内容。

①恢复定线测量。包括公路中线、边桩的恢复测量，桥梁、涵洞的定位测量等。

②建造临时设施。包括工地行政办公用房、宿舍、文化福利用房、仓库等。

③进行“三通一平”。建设项目在正式施工以前，施工现场应达到水通、电通、道路通和场地平整等条件。

④设置安全设施。包括设置仓库消防设施、用电安全设施、爆破作业安全设施，以及消防车道等。

第三节　施工阶段管理

施工阶段管理工作的主要内容包括：①按计划组织综合施工；②施工过程的全面控制。

一、按计划组织综合施工

所谓综合施工，就是根据不同的工种配备不同的机械设备，使不同的工人班组在不同的地点和工程部位按照预定的顺序和时间从事施工作业。

施工的综合性，要求施工组织具有严密性。而施工组织的严密性，则要靠周密的计划来保证。为此，必须做到以下几点。

（一）提高计划的科学性

计划的科学性主要体现在以下几方面。

①计划顺序符合施工工艺要求。

②计划采用的定额水平要合理。为此，应当制定反映企业整体水平的劳动定额、消耗定额。

③计划要进行综合考量。

（二）实行整个项目、单位工程和作业班组经济承包责任制

这就要求项目经理、单位工程负责人有较强的组织能力和协调能力，从而可以弥补计划和管理上的不足。

（三）保证现场需要，做好后勤供应

企业的后勤部门要为工程项目施工服务，并按计划规定的时间和数量供应所需的材料、设备、技术资料等。

二、施工过程的全面控制

施工过程的全面控制包括进度、质量、安全、成本等控制。其中，进度、质量、安全等控制会在后续章节讲述，这里只介绍成本控制。

（一）公路工程施工项目成本的概念

施工成本是指建设工程项目在施工过程中所产生的全部生产费用的总和。施工项目成本是施工单位的主要产品成本，亦称工程成本，一般以项目的单位工程作为成本核算对象，通过对各单位工程成本的核算来综合反映施

工项目成本。

公路施工单位的基本活动是建造公路建筑产品，如公路、桥梁以及其他交通工程设施等。在建造公路建筑产品过程中会产生各种耗费，包括劳动对象的耗费、劳动手段的耗费以及劳动力的耗费等，这些耗费的货币表现就是生产费用。

（二）公路工程施工项目成本的分类

1.按成本管理的要求分类

（1）预算成本

公路工程施工项目具有多样性、固定性，以及生产周期长的特点。在公路工程施工项目的建设中，需要通过编制预算来确定产品价格。预算成本是根据施工图，按分部、分项工程的预算单价和取费标准计算的工程预算费用。工程预算成本加间接费、利润和税金，即为工程项目的预算造价。在招标、投标时，预算造价是施工单位与发包单位签订承包合同和进行工程价款结算的主要指标。

预算成本是确定公路工程造价的基础，也是编制计划成本的依据和评价实际成本的依据。

（2）计划成本

计划成本是指公路工程施工项目经理部根据计划期有关资料（如工程的具体条件和施工单位为实施该项目的各项技术组织措施），在实际成本发生前预先计算的成本，也就是施工单位考虑降低成本措施后的成本计划数。

计划成本反映了企业在计划期内应达到的成本水平，对于加强施工单位和项目经理部的经济核算工作，建立和健全施工项目成本管理责任制，控制施工过程中的生产费用以及降低施工项目成本具有十分重要的作用，是施工项目成本分析和考核的重要依据之一。

（3）实际成本

实际成本是公路工程施工项目在报告期内实际发生的各项生产费用的总和，是反映施工单位施工管理水平、考核企业成本和任务完成情况的重要依据之一。

实际成本与计划成本比较，可揭示成本的节约和超支情况，也可考核企业的施工技术水平、技术组织措施的贯彻执行情况和企业的经营效果。实际成本与预算成本比较，可以反映工程盈亏情况。计划成本和实际成本都能反映施工单位的成本水平，施工单位的成本水平受企业本身的生产技术、施工条件及生产经营管理水平的制约。

2.按计入成本的方法分类

按计入成本的方法分类，公路工程施工项目成本可分为直接费、间接费和税金三大类。

（1）直接费

直接费是指公路工程施工过程中耗费的构成工程实体、有助于工程形成的各项费用，包括直接工程费（即人工费、材料费、施工机械使用费）和其他工程费，是构成施工项目成本的主要部分，是成本管理的重点。

（2）间接费

间接费由规费和企业管理费组成。

规费是指法律、法规等规定施工单位必须缴纳的费用（简称规费），包括养老保险费、失业保险费、医疗保险费、住房公积金、工伤保险费等。规费以公路工程施工项目的人工费之和为基数，按国家或工程所在地法律、法规等规定的标准计算。

企业管理费由基本费用、主副食运费补贴、职工探亲路费、职工取暖补贴和财务费用组成。

（3）税金

税金是指按国家规定应计入公路工程造价内的营业税、城市建设维护税及教育费附加。它有一个固定的数额标准。

（三）公路工程施工项目成本管理的环节

公路工程施工项目成本是一项综合指标，其管理贯穿于施工生产经营活动的全过程，涉及物资消耗、劳动效率、技术水平、施工管理等方面，内容十分广泛。公路工程施工项目经理部在项目施工过程中，对所发生的各种成本信息，通过预测、计划、控制、核算和分析等一系列工作，促使施工项目正常运行，使施工项目的实际成本能控制在预定的计划成本范围内。成本管理的好坏直接影响企业所创造利润的多少，影响企业的经济效益。

从成本管理的角度来看，公路工程施工项目成本管理的主要环节包括：公路工程施工项目成本预测、公路工程施工项目成本计划、公路工程施工项目成本控制、公路工程施工项目成本核算、公路工程施工项目成本分析、公路工程施工项目成本考核。

1.公路工程施工项目成本预测

公路工程施工项目成本预测的主要内容是采用科学的预测方法，根据掌握的各类信息资料，对未来生产经营活动进行定性研究和定量分析，从而预测未来的成本水平及其变动趋势。成本预测可以使项目经理部在满足业主和公路工程施工单位要求的前提下，选择成本低、效益好的最佳方案，并能够在施工项目成本形成过程中，针对薄弱环节，加强成本控制，克服盲目性，提高预见性。因此，公路工程施工项目成本预测是公路工程施工项目成本决策与计划的依据。

2.公路工程施工项目成本计划

公路工程施工单位的施工项目成本计划是在成本预测的基础上进行的，是公路工程施工单位为确定计划期内成本水平和成本目标而编制的指导性计划。

公路工程施工项目成本计划是项目经理部对施工项目成本进行计划管理的工具，它是以货币形式编制施工项目在计划期内的生产费用、成本水平、成本降低率，以及为降低成本所采取的主要措施和规划的书面方案。它是施工项目降低成本的指导性文件，是建立施工项目成本管理责任制、开展成本控制和核算的基础，也是设立目标成本的依据。公路工程施工单位应当在认真总结上期成本计划完成情况的基础上，根据企业计划期内计划完成的施工生产任务和相应的技术组织措施、施工组织设计、成本预测等资料，制订既切实可行又具有先进性的成本计划。

编制成本计划既要以有关的计划为依据，又要与有关计划，特别是与利润计划相衔接。成本计划的实现对于企业提高经济效益具有重要意义。

编制公路工程施工成本计划需要广泛收集并整理相关资料，以这些资料作为施工成本计划编制的依据。在此基础上，根据有关技术文件、工程承包合同、施工组织设计、施工成本预测资料等，按照施工项目应投入的生产要素，结合各种因素变化的预测和拟采取的各种措施，估算施工项目生产费用支出的总水平，进而提出施工项目成本计划控制指标，确定目标总成本。目标总成本确定后，应将总目标分解落实到各级部门，以便有效地进行控制。最后，通过综合平衡，编制施工成本计划。编制施工项目成本计划必须指标先进，切实可行，并经过科学论证。

3.公路工程施工项目成本控制

公路工程施工项目成本控制是按照成本计划制订的成本水平和降低的成本目标，对成本形成过程的生产耗费进行严格的计算、调节和监督，及时发现与预定的成本目标之间的差异，并采取措施解决存在的问题，使工程的实际成本控制在预定的目标范围内，促使成本降低的管理活动。

公路工程施工项目成本控制应贯穿施工项目从招、投标阶段开始直到项目竣工验收的全过程，是企业进行全面成本管理的重要环节。由于成本费用涉及企业生产经营活动的各个方面和各个环节，因此必须实施全面的成本控制。所谓全面的成本控制，是指在生产经营全过程实施成本控制，对全部生产耗费实施成本控制和全体职工都参与成本控制。

实施成本控制，还必须采取一定的组织形式，建立有效的成本责任制，即将构成成本的生产耗费，按生产耗费发生的范围进行分解，具体落实到有关职责部门或个人。实行成本责任制，采取责、权、利相结合，成本控制与业绩考核相结合的办法，从而实现降低成本、提高经济效益的目标。

公路工程施工项目成本控制具有三方面含义：一是对目标成本本身的控制；二是对目标成本形成过程的控制和监督；三是在过程控制的基础上，着眼未来，为之后降低成本指明方向。

4.公路工程施工项目成本核算

公路工程施工项目成本核算是把一定时期内施工单位在施工过程中所产生的费用，按照其性质分类、归集、汇总、核算，计算出该时期生产经营费用总额，并分别计算出各种产品的实际成本和单位成本的管理活动。在进行公路工程工程成本核算时，首先，应对发生的费用进行审核，确认其是否属于生产耗费，能否计入工程成本，应计入哪类产品的成本等。其次，将确认的生产费用按用途进行归集、分配，按既定的成本核算对象分别计算其制造成本，确定最终产品的成本。

公路工程施工项目成本核算是施工项目成本管理中最基本的职能，离开了成本核算，就谈不上成本管理，也就谈不上其他职能的发挥。公路工程施工项目成本核算在公路工程施工项目成本管理中的重要地位体现在两个方面：首先，它是施工项目进行成本预测、制订成本计划和实行成本控制所需信息的重要来源；其次，它是施工项目进行成本分析和成本考核的基本依据。

公路工程施工项目成本核算包括两个环节：一是按照规定的成本开支范围对施工费用进行归集和分配，计算出施工费用的实际发生额；二是根据成本核算对象，采用适当的方法，计算出公路工程施工项目的总成本和单位成本。

5.公路工程施工项目成本分析

公路工程施工项目成本分析是指在成本形成过程中，对施工项目成本进行的对比评价和剖析总结工作。也就是说，公路工程施工项目成本分析主要利用施工项目的成本核算资料（成本信息），与目标成本（计划成本）、预算成本以及类似的施工项目的实际成本等进行比较，了解成本的变动情况，同时也要分析主要技术经济指标对成本的影响，系统地研究成本变动的因素，检查成本计划的合理性。成本分析工作贯穿于公路工程施工项目成本管理的全过程。

一方面，公路工程施工项目的成本分析就是根据统计核算、业务核算和会计核算提供的资料，对项目成本的形成过程和影响成本升降的因素进行分析，以寻求进一步降低成本的途径（包括项目成本中的有利偏差的挖潜和小利偏差的纠正）。另一方面，成本分析可以帮助工作人员从账簿、报表反映的成本现象看清成本的实质，从而增强项目成本的透明度和可控性，为加强成本控制、实现项目成本目标创造条件。由此可见，公路工程施工项目成本分析也是降低施工项目成本、提高项目经济效益的重要手段之一。

6.公路工程施工项目成本考核

所谓公路工程施工项目成本考核，就是施工项目完成后，对施工项目成本形成中的各责任者，按施工项目目标责任制的有关规定，将成本的实际指标与计划、定额、预算进行对比和考核，评定施工项目成本计划的完成情况和各责任者的业绩，并以此给予相应的奖励和处罚。通过成本考核，做到有奖有惩，赏罚分明，才能有效地调动每一名职工的积极性，为降低施工项目成本和增加企业的效益作出自己的贡献。

第五章　公路工程施工项目进度管理

第一节　项目进度管理概述

项目管理中一项关键内容就是合理地安排项目进度，它的目的是保证按时完成项目、合理分配资源、提高项目的经济效益。进度管理就是采用科学的方法确定进度目标，编制进度计划和资源供应计划，对编制的进度计划与实际的进度进行管理，控制整个项目的总进度。

一、项目进度管理的特点

公路工程的施工生产是劳动过程和自然过程的结合，其施工中受自然条件的影响很大，这就使其施工组织、施工程序及施工工艺因实施条件的变化而相应地调整与改变。因此，公路工程施工进度管理非常复杂。

公路工程施工进度管理具有下列特点。

（一）进度管理是一个动态过程

一个公路工程项目的工期，少则几天，多则几年。一方面，在这样长的时间里，工程建设环境在不断变化；另一方面，实施进度和计划进度会发生偏差。因此，在公路工程项目进度控制中要根据进度目标和实际进度，结合工程实际情况，不断调整进度计划，并采取一些必要的控制措施，排除障碍，确保进度目标的实现。

（二）进度管理是一项复杂的系统工程

进度计划按工作内容可分为整个项目的总进度计划、单位工程进度计划、分部分项工程进度计划等；按生产要素可分为投资计划、物资设备供应计划等。因此，进度计划十分复杂。而进度控制更复杂，它要管理整个计划系统，而绝不仅仅局限于控制项目实施过程中的施工计划。

（三）进度管理有明显的阶段性

设计、施工招标、施工等阶段均有明确的开始与完成时间以及相应的工作内容。由于各阶段的工作内容不同，因而有不同的控制标准和协调内容。每一阶段进度完成后都要对照计划作出评价，并根据评价结果作出下一阶段的进度安排。

（四）进度计划具有不均衡性

对于施工进度来说，由于外界环境的干扰、工作环境的变化以及施工内容和难度上的差别，年、季、月、日间很难做到均衡施工，这就增加了进度管理的难度。

（五）进度管理风险性大

由于公路工程施工项目单一性和一次性的特点，进度管理是一项不可逆转的工作，因而风险较大。这就要求管理人员在进度管理中既要沿用前人的管理理论知识，又要借鉴同类工程进度管理的经验和成果，同时还要根据当前工程的特点，对项目进度进行创造性的科学管理。

二、项目进度管理的内容

公路工程施工项目有技术要求高、投资大、建设周期长、涉及面广等特点。为使项目的进度能达到预期目标，并争取项目早日投入使用而获取经济效益，针对施工全过程的进度控制是十分必要的。进度管理的目的是按照承包合同规定的进度和质量要求完成工程建设任务。同时，把项目费用控制在预算范围内，为企业获得合理的利润。而要保证进度管理作用的实现，需要做好以下几项工作。

（一）对项目工作进行分解

要对项目的进度进行管理，必须首先对项目进行分解，工作分解就是先把复杂的项目一层一层地分解，直到将项目工作拆分成一个个单独的、可执行的工作，并在此基础上对项目工作进行逻辑关系排序，分配资源，估计工期，然后形成计划。项目工作分解是项目目标进一步明确的前提，也是进行项目进度计划控制的基础。

（二）编制施工进度计划

所谓进度计划，是指在工作分解结构的基础上，对项目、任务所做出的一系列时间、资源方面的安排。在项目进行之前编制进度计划是一件必要的事情，进度计划反映任务在整个项目中所处的位置，由谁来负责完成，需要什么样的资源，任务之间的逻辑关系等。同时，编制进度计划，可以对任务的工期、资源和成本进行优化选择。

在工程投标时，已经按照招标文件或规定编制了粗略的施工方案和进度计划，中标后可根据现场施工条件和合同中的工期，编制详细的施工进度计划。计划的内容包括确定开工前的各项准备工作，选择施工方法，组织流水作业，协调各个工种在施工中的搭接和配合，安排劳动力和各种施工物资的供应，确定各分部（项）工程的目标工期和全部工程的完工时间等。施工计划安排应适当，既不能太紧也不能太松。计划太紧可能导致项目无法按时完成，计划太松则不能有效提高施工效率。

（三）组织进度计划的实施

施工进度计划报业主审批后须严格执行，把进度计划布置下去，调配人力、施工物资和资金，确保到位。及时检查和发现影响进度的问题，并采取适当的技术和组织措施，必要时修订和更新进度计划。

（四）与业主及分包单位密切沟通

定期向业主报告工程进度，对业主提出的变更指令、赶工或加快指令及时进行处理。与业主的良好合作是顺利实施进度计划的一个重要条件。同时，需要监督各分包单位的工作，及时协调分包单位的施工配合。

三、项目进度管理的系统原理与要求

（一）进度管理的系统原理

为了确保工程进度目标实现，承包商要编制年度总目标的计划体系。该计划体系主要包括总体进度计划、单项工程进度计划、年度计划、季度与月份生产计划，以及与这些进度计划相适应的资源供应计划、资金需求计划、各项生产任务完成报告。

施工进度计划的实施保证从内容上可概括为组织保证、技术保证、合同保证、经济保证，从工程项目建设的参与方来划分有承包商的保证、监理的保证和业主的保证。

从项目经理到各职能部门的负责人，为确保工程进度目标，要齐心协力、各尽其职，加强内部管理，尤其应注重人、机、料三大要素的优化配置与协调。项目经理应将整个工程逐项分解，由粗到细，最后形成月生产计划和周工作计划下达或上报监理。应派专人记录进度的实际情况，收集反映进度的数据，统计整理汇总实际进度的数据，形成实际进度报表，并将其与计划进度相比较，以利于后续工程施工。不同层级人员有不同的进度控制职责，共同组成一个纵横连接的承包商进度控制保证系统。

（二）进度管理的要求

①科学预测工程招标市场，确定合理的计划管理目标。

②承包签约的项目以合同工期为目标，倒排或正排施工计划。

③施工计划管理工作既要保证重点工程，又要协调兼顾一般项目。

④施工方案、施工工艺及施工顺序均应合理安排。

⑤力求各项工程的施工计划均衡、紧密配合，还应留一定的调整余地，以适应施工中实际变化的情况。

⑥项目施工管理中的各项工作在计划编制上要紧密衔接。

四、项目进度管理的基本程序

项目进度管理是公路工程施工管理的中心环节，是一种周期性的循环过程，其基本程序通常包括以下内容。

（一）确定施工进度目标

根据施工合同确定开工日期、总工期和竣工日期，确定施工进度目标，明确计划开工日期和计划竣工日期，并确定项目分期分批的开工、竣工日期。

（二）编制施工进度计划

施工进度计划应根据工艺关系、组织关系、搭接关系、起止时间、劳动力计划、材料计划、机械计划及其保证性计划等因素综合编制。

（三）报送开工申请报告

向监理工程师提出开工申请报告，并按监理工程师下达的指定日期开工。

（四）实施施工进度计划

承包商实施计划时必须对照原计划进行检查，在工程施工期间，应及时掌握影响和妨碍工程进度的不利因素。在项目实施过程中，由于外部各种不确定因素的存在，往往会使实际进度与计划进度发生偏差，如不能及时发现并纠正这些偏差，必然会影响项目进度管理目标的实现。因此，当出现进度偏差时，项目管理者应根据项目跟踪提供的信息，对计划进度目标与实际进度达成目标值进行比较，找出偏差及其原因，采取措施调整纠正，并不断预测未来进度状况。

（五）调整工程进度计划

跟踪计划的实施并进行监督，当发现工程现场的组织安排、施工顺序或人力、设备与计划进度上的方案有较大不一致时，应对原工程进度计划及现金流动计划予以调整，调整后的工程进度计划应符合工程现场实际情况，并满足合同工期的要求。

（六）进行进度控制总结

进度控制是指在限定的工期内，以事先拟定的合理且经济的项目进度计划为依据，对整个项目过程进行监督、检查、指导和纠正的行为过程。在施工进度计划完成后，项目经理部应及时进行施工进度控制总结，并编写进度控制报告。该报告可体现在“项目管理工作总结”中。

第二节　项目进度计划的编制及实施

一、项目进度计划的编制

（一）进度计划编制依据及原则

1.进度计划编制依据

公路施工项目进度计划是对工程实施过程进行管理的前提。在工程开始施工前，必须制订一份科学、合理的工程项目进度计划，确定一个合理的计划工期。确定计划工期的依据有：①合同或上级规定的开工日期、竣工日期；②工程图纸；③各类定额；④劳动力、材料、机械供应情况；⑤主导工程的施工方案（施工顺序、施工方案、作业方式）；⑥有关施工现场的水文、地质、气象和经济资料；⑥已建成的同类工程或相似项目的实际工程进度情况。

承包商在接到中标通知书后，应认真阅读技术规范设计图纸，并对现场的地形地貌、征地拆迁等情况进行认真调查研究，做好相关的施工组织设计工作，编制既切实可行、符合合同，又能指导施工的施工计划。

2.进度计划编制原则

在编制施工项目进度计划前，必须做好深入调查研究工作，充分估计可能发生的各种情况；安排进度计划时，应扣除法定的节假日，估计雨季或其他原因需停工的时间，以及指令工期或合同工期与这些必要的停工时间差，根据实际情况安排施工作业时间。另外，还要考虑在施工日期上保留一定的机动时间，便于在出现意外情况时进行调整和补救。

在制订施工项目进度计划时，应该遵守以下原则。

（1）确保工期的原则

根据工程量、业主的总体施工计划和阶段施工计划，编制和调整实施性施工计划，并以此为基础进行生产要素的资源配置，确保工期进度及工程质量。

（2）均衡生产和重点突出的原则

既要保证重点工程，又要兼顾一般项目。对于重点项目，预料可能的施工障碍及变化，着重考虑相应的施工方案和措施，优先安排，重点保障，组织专业化施工，力争提前竣工。其余工程按照均衡生产的原则组织施工。各项工程的施工计划不仅要均衡、紧密配合，还应留一定的调整余地，以适应施工中实际变化的情况。

（3）技术创新与管理创新的原则

工程建设中积极推进技术创新和既有技术成果的转化，优化施工方案；积极进行管理创新，始终把握关键线路。优化生产要素配置，努力提高作业效率，保证施工进度。施工组织、施工方法、施工方案、施工工艺及施工顺序均应合理安排。

（4）合理分段、科学组织的原则

结合项目的工程数量和技术要求合理划分作业区段，分段应清楚明了，以便于管理和充分利用人力资源及设备资源。同时，在施工过程中，应优化施工组织管理，根据具体情况可采取平行作业、顺序作业或者流水作业的方法组织施工。

3.进度计划的主要作用

①确定项目各项任务的范围，管理人员可依据进度计划制定完成各项任务

的时间表，阐明每项任务必需的人力、物力、财力，确定预算，保证项目的顺利实施。

②可借以确定项目各成员和工作的责任范围，以便按要求去指导和控制项目的工作，减少风险。

③可作为分析、协商及记录项目范围变化的基础。这样就为项目的跟踪控制过程提供一条基线，用以衡量进度，记录各种偏差及整改措施，便于对项目进度进行管理。

（二）进度计划的分类

根据工程项目实施的阶段，工程项目进度计划可分为总体进度计划及年度、月度进度计划。对于某些重要项目，如桥梁、隧道等，还要单独编制关键工程进度计划。

1.总体进度计划

工程项目的施工总进度计划是用来指导工程全局的，是工程从开工到竣工各个主要环节的总体进度安排，起着控制工程总体及各个单位工程或各个施工阶段工期的作用。承包商自接到中标通知书之日起，需在合同条件约定的时间内，提交一份格式和细节都符合监理工程师规定的工程总进度计划，以取得监理工程师的同意。总体进度计划的编制可以采用横道图、斜线图、进度曲线图或网络计划图的方式，但不论采用何种方式，在总体进度计划中，均应包括工程项目的合同工期、完成各单位工程及各施工阶段所需要的工期、最早开始时间和最迟结束时间、各单位工程及各施工阶段需要完成的工程量及现金流动估算、各单位工程及施工阶段所需配备的人力和机械数量、各单位工程或分部工程的施工方案和施工方法等。

2.年度、月度进度计划

比较大的公路工程项目需要编制年度、月度进度计划，年度进度计划要受工程总体进度计划的控制，而月度进度计划又受年度进度计划的控制。

（1）年度进度计划

年度进度计划统一安排全年的年度施工任务，确定各项年度生产指标，根据年度季节、气候的不同，合理安排施工进度。因此，年度进度计划中应反映本年度计划完成的单位工程，施工阶段的工程项目内容、工程数量、投资指标，施工队伍和主要施工设备的数量及调配顺序，不同季节及气温条件下各项工程的时间安排，以及在总体进度计划下对各分项工程进行局部调整或修改的详细说明等。因此，在年度计划的安排中，应重点突出组织顺序上的联系，如大型机械的转移顺序、主要施工队伍的转移顺序等。首先安排重点、大型、复杂、周期长、占劳动力和施工机械多的工程，优先安排主要工种或经常处于短线状态的工种施工任务，使其能连续工作。

（2）月度进度计划

通过月度进度计划，相关人员可以确定月度施工任务，如本月施工的工程项目、主要的工程量等。月度进度计划能够指导施工作业，有助于管理人员进行月度施工各项指标的平衡汇总，以便综合衡量完成的工程数量和工程投资，同时，月度进度计划也是考核月度施工情况的依据。因此，月度进度计划中应反映本月计划完成的各项工程内容及顺序安排，完成本月及各项工程的工程数量及投资额，完成各分项工程的施工队伍及人力、主要设备的配额，在年度计划下对各单位工程或分项工程进行局部调整或修改的详细说明等。

3.关键工程进度计划

关键工程进度计划是指在一个公路工程施工项目中起控制作用的关键工程，如某一桥梁工程、隧道工程或立体交叉工程的进度计划。由于关键工程的施工工期常常关系到整个工程项目施工总工期的长短，因此，在施工进度计划的编制过程中应单独编制关键工程进度计划。关键工程进度计划应包括具体施工方案和施工方法，总体进度计划及各道工序的控制日期，现金流动估算，各施工阶段的人力和设备的配额及运转安排，施工准备及结束清场的时间安排，对总体进度安排计划及其他相关工程的控制、依赖关系和说明等。

（三）进度计划的编制形式

1.横道图

公路工程的进度横道图是以时间为横坐标，以各分部（项）工程或工作内容为纵坐标，按一定的施工顺序，用带时间比例的水平横线表示对应工作内容持续时间的进度计划图表。公路工程中，常常在横道图的对应分项的横线下方标注当月计划应完成的累计工程量或工作量百分数，横线上方标注当月实际完成的累计工程量或工作量百分数。

2.S 曲线

S 曲线是以时间为横轴，以累计完成工程费用的百分数为纵轴的图表化曲线。一般在图上标注计划曲线和实际支付曲线，实际线高于计划线则实际进度快于计划，否则就慢于计划。此外，曲线本身的斜率也反映进度推进的快慢。

公路工程中，常常将 S 曲线和横道图合并于同一张图表中，并将该图表称为公路工程进度表。公路工程进度表既能反映各分部（项）工程的进度，又能反映工程总体的进度。

3.垂直图

垂直图也称斜条图、时间里程图，其以公路里程或工程位置为横轴，以时间为纵轴，而各分部（项）工程的施工进度则相应地以不同的斜线表示。

垂直图很适合表示公路、隧道等线形工程的总体施工进度。斜线越陡则施工进度越慢，斜线越平则施工进度越快。

4.斜率图

斜率图是以时间（月份）为横轴，以累计完成的工程量的百分数为纵轴，将分项工程的施工进度相应地用不同斜率表示的图表化曲（折）线，事实上就是分项工程的 S 曲（折）线。斜率图主要作为公路工程投标文件中施工组织设计的附表，以反映公路工程的施工进度。

二、项目进度计划的实施

项目进度计划的实施就是按施工进度计划开展施工活动，落实和完成计划。项目进度计划逐步实施的过程就是项目施工逐步完成的过程。为保证项目各项施工活动能够按施工进度计划所确定的顺序和时间进行，以及保证各阶段进度目标和总进度目标的实现，应做好下面的工作。

①检查各层次的计划，并进一步编制月（旬）作业计划。

②综合平衡，做好主要要素的优化配置。

③层层签订承包合同，并签发施工任务书。

④全面实行层层计划交底，保证全体人员共同参与计划实施。

⑤做好施工记录，掌握现场实际情况。

⑥做好施工中的调度工作。

⑦预测干扰因素，采取预控制措施。

第三节　项目进度计划实施中的监测与调整

一、项目进度监测的系统过程

公路工程施工进度监测的系统过程，如图 5-1 所示。

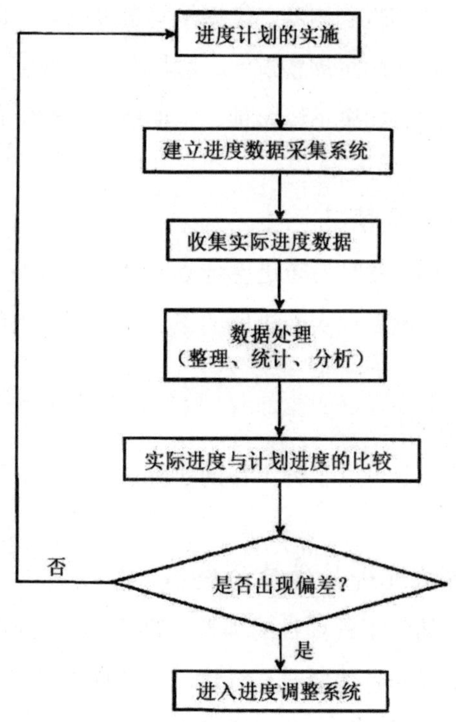

图 5-1　公路工程施工进度监测系统过程

（一）进度计划执行中的跟踪检查

对进度计划的执行情况进行跟踪检查是获得计划执行信息的主要方法。跟踪检查的主要工作是定期收集反映工程实际进度的有关数据，收集的数据应当全面、真实、可靠，不完整或不正确的进度数据将导致管理人员的判断不准确或决策失误。为了全面、准确地掌握进度计划的执行情况，监理工程师应该认真做好以下三个方面的工作。

1.定期收集进度报表资料

进度报表是反映工程实际进度的主要方式之一。进度计划执行单位应按照进度监理制度规定的时间和报表内容，定期填写进度报表。监理工程师通过收集进度报表资料掌握工程实际进展情况。一般情况下，进度控制的效果与收集数据资料的时间间隔有关。如果不经常地、定期地收集实际进度数据，就难以有效地控制实际进度。

2.实地检查工程进展情况

派监理人员常驻现场，随时检查进度计划的实际执行情况，这样可以加强进度监测工作的效果，掌握工程实际进度的第一手资料，以便及时地获取准确数据。

3.定期召开现场会议

定期召开现场会议，既可以了解工程的实际进度状况，又可以协调有关方面的进度关系。

4.视工程的具体情况进行进度检查

进度检查的时间间隔与工程项目的类型、规模、监理对象及有关条件等多方面因素相关，可视工程的具体情况，每月、每半月或每周进行一次检查。在特殊情况下，甚至需要每日进行一次进度检查。

（二）实际进度数据的加工处理

为了进行实际进度与计划进度的比较，必须对收集到的实际进度数据进行加工处理，形成与计划进度具有可比性的数据。

（三）实际进度与计划进度的对比分析

将实际进度数据与计划进度数据进行比较，可以确定建设工程实际执行状况与计划目标之间的差距。为了直观地反映实际进度偏差，通常采用表格或图形进行实际进度与计划进度的对比分析，从而得出实际进度比计划进度超前、滞后还是一致的结论。

二、项目进度调整的系统过程

公路工程施工进度调整的系统过程，如图 5-2 所示。

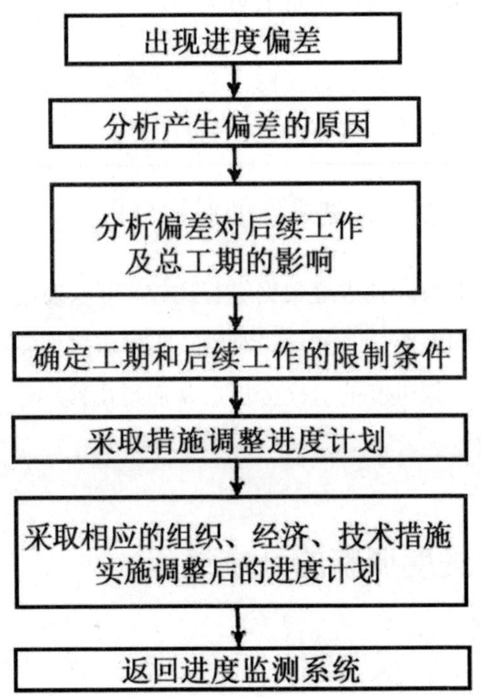

图 5-2 公路工程进度调整系统过程

（一）分析进度偏差产生的原因

通过实际进度与计划进度的比较，发现进度偏差时，为了能采取有效措施调整进度计划，必须深入现场进行调查，分析产生进度偏差的原因。

进度偏差的识别与分析是项目进度管理的一个重要环节，也是进度计划调整的基础。

常用的进度偏差识别方法有横道图比较法、S 形曲线比较法、香蕉曲线比较法、前锋线比较法和列表比较法。

1.横道图比较法

横道图比较法是指将在项目实施过程中因检查实际进度而收集到的数据，

经加工整理后直接用横道线平行绘于原计划的横道线处，进行实际进度与计划进度比较的方法。

横道图比较法可以形象、直观地反映实际进度与计划进度的比较情况。根据工程项目中各项工作的进展是否匀速，可分别采用匀速进展和非匀速进展比较法进行实际进度与计划进度的比较。

（1）匀速进展横道图比较法

在工程项目中，每项工作在单位时间内完成的任务量都是相等的，即工作的进展速度是均匀的，这称为匀速进展。此时，每项工作累计完成的任务量与时间呈线性关系，如图 5-3 所示。完成的任务量可以用实物工程量、劳动消耗量或费用支出表示。为了便于比较，通常用上述物理量的百分比表示。

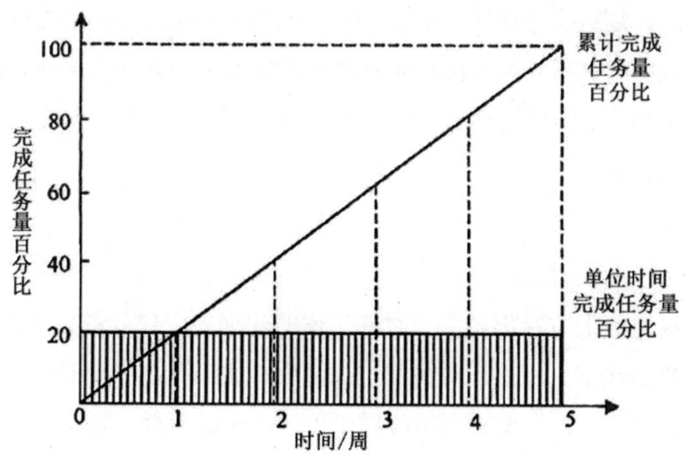

图 5-3 工作匀速进展时完成任务量与时间关系曲线

采用匀速进展横道图比较法的步骤如下。

①编制横道图进度计划。

②在进度计划上标出检查日期。

③将检查收集到的实际进度数据经加工整理后，按比例用涂黑的粗线标于计划进度的下方。

④对比分析实际进度与计划进度：如果涂黑的粗线右端落在检查日期左侧，则表明实际进度落后；如果涂黑的粗线右端落在检查日期右侧，则表明实际进度超前；如果涂黑的粗线右端与检查日期重合，则表明实际进度与计划进度一致。

该方法仅适用于工作从开始到结束的整个过程中，其进展速度均为固定不变的情况。如果工作的进展速度是变化的，则不能采用这种方法进行实际进度与计划进度的比较，否则会得出错误的结论。

（2）非匀速进展横道图比较法

当工作在不同单位时间里的进展速度不相等时，累计完成的任务量与时间的关系就不可能是线性关系。此时，应采用非匀速进展横道图比较法进行工作实际进度与计划进度的比较。非匀速进展横道图比较法在用涂黑粗线表示工作实际进度的同时，还要标出其对应时刻完成任务量的累计百分比，并将该百分比与其同时刻计划完成任务量的累计百分比相比较，判断工作实际进度与计划进度之间的关系。

采用非匀速进展横道图比较法的步骤如下。

①编制横道图进度计划。

②在横道线上方标出各主要时间工作的计划完成任务量累计百分比。

③在横道线下方标出相应时间工作的实际完成任务量累计百分比。

④从开始之日起，用涂黑粗线标出工作的实际进度，同时反映出该工作在实施过程中的连续与间断情况。

⑤通过比较同一时刻实际完成任务量累计百分比和计划完成任务量累计百分比，判断工作实际进度与计划进度之间的关系：如果同一时刻横道线上方累计百分比大于横道线下方累计百分比，则表明实际进度拖后，拖欠的任务量为二者之差；如果同一时刻横道线上方累计百分比小于横道线下方累计百分比，则表明实际进度超前，超额完成的任务量为二者之差；如果同一时刻横道线上、下方两个累计百分比相等，则表明实际进度与计划进度一致。

由于工作进展速度是变化的，因此在图中的横道线，无论是表示计划进度的还是表示实际进度的，只能表示工作的开始时间、完成时间和持续时间，并不能表示计划完成的任务量和实际完成的任务量。此外，采用非匀速进展横道图比较法，不仅可以进行某一时刻（如检查日期）实际进度与计划进度的比较，还能进行某一时间段实际进度与计划进度的比较。当然，这需要实施部门按规定的时间记录当时的任务完成情况。

横道图比较法虽然有记录和比较简单、形象直观、易于掌握、使用方便等优点，但是由于其以横道计划为基础，因而带有不可克服的局限性。在横道计划中，各项工作之间的逻辑关系表达不明确，关键工作和关键线路无法确定，一旦某些工作实际进度出现偏差，就难以预测其对后续工作和工程总工期的影响，也就难以确定相应的进度计划调整方法。因此，横道图比较法主要用于工程项目中某些工作实际进度与计划进度的局部比较。

2.S 曲线比较法

S 曲线比较法是首先以横坐标表示时间，纵坐标表示累计完成任务量，绘制一条按计划时间累计完成任务量的 S 曲线，然后将工程项目实施过程中各检查时间实际累计完成任务量的 S 曲线也绘制在同一坐标系中，进行实际进度与计划进度比较的一种方法。

从整个工程项目实际进展全过程看，单位时间投入的资源量一般是开始和结束时较少，中间阶段较多。与其相对应的，单位时间完成的任务量也呈同样的变化规律，如图 5-4（a）所示。而随工程进展累计完成的任务量则应呈 S 形变化，如图 5-4（b）所示。由于其形似英文字母“S”，S 曲线因此而得名。

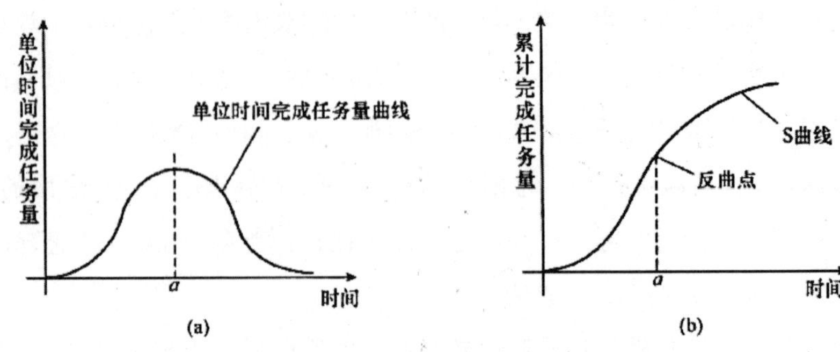

图 5-4　时间与完成任务量关系曲线

（1）S 曲线的绘制方法

①确定单位时间计划完成的任务量。

②计算不同时间累计完成的任务量。

③根据累计完成的任务量绘制 S 曲线。

（2）实际进度与计划进度的比较

同横道图比较法一样，S 曲线比较法也是在图上进行工程项目实际进度与计划进度的直观比较。在工程项目实施过程中，按照规定时间将检查收集到的实际累计完成任务量绘制在原计划 S 曲线图上，即可得到实际进度 S 曲线，如图 5-5 所示。

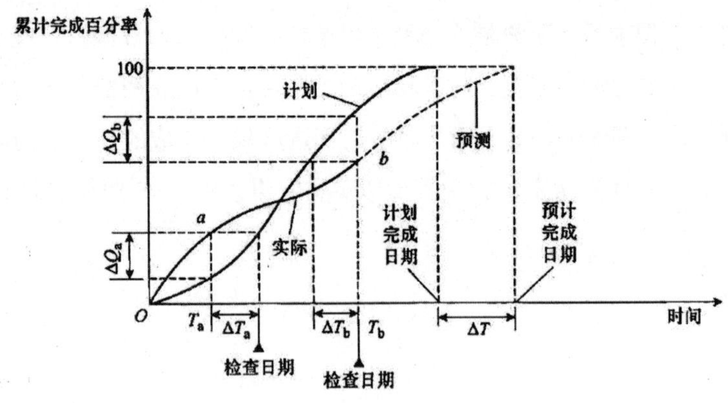

图 5-5　S 曲线比较图

通过比较实际进度S曲线和计划进度S曲线，可以获得如下信息。

①工程项目实际进展状况。如果工程实际进展点落在计划S曲线左侧，表明此时实际进度比计划进度超前，如图 5-5 中的*a*点；如果工程实际进展点落在计划S曲线右侧，表明此时实际进度拖后，如图5-5中的*b*点；如果工程实际进展点正好落在计划S曲线上，则表示此时实际进度与计划进度一致。

②工程项目实际进度超前或拖后的时间。在S曲线比较图中可以直接读出实际进度比计划进度超前或拖后的时间。

③工程项目实际超额或拖欠的任务量。在S曲线比较图中也可直接读出实际进度比计划进度超额或拖欠的任务量。

④后期工程进度预测。如果后期工程按原计划速度进行，则可画出后期工程计划S曲线，如图5-5中表示预测的虚线，从而可以确定工期拖延预测值。

3.香蕉曲线比较法

香蕉曲线是由两条S曲线组合而成的闭合曲线。由S曲线比较法可知，工程项目累计完成的任务量与计划时间的关系，可以用一条S曲线表示。

对于一个工程项目的网络计划来说，如果以其中各项工作的最早开始时间安排进度绘制 S 曲线，则称为 ES 曲线；如果以其中各项工作的最迟开始时间安排进度绘制 S 曲线，则称为 LS 曲线。两条曲线具有相同的起点和终点，因此，两条曲线是闭合的。一般情况下，ES曲线上的其余各点均落在LS曲线的相应点的左侧。由于该闭合曲线形似“香蕉”，因此被称为香蕉曲线，如图5-6所示。

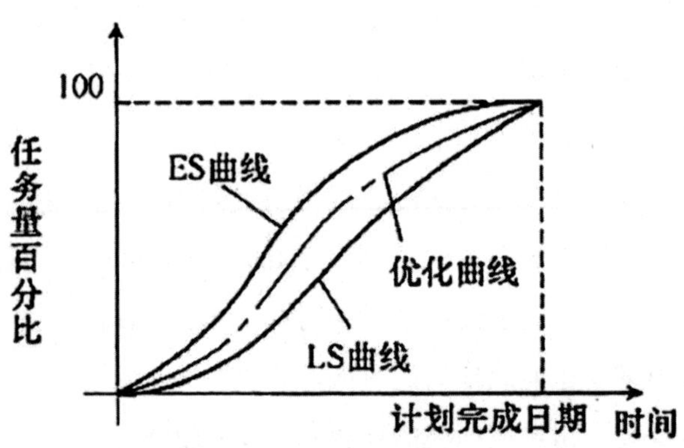

图 5-6 香蕉曲线比较图

（1）香蕉曲线比较法的作用

①合理安排工程项目进度计划。如果工程项目中的各项工作均按其最早开始时间安排进度，则将导致项目的投资加大；如果各项工作都按其最迟开始时间安排进度，则一旦受到进度影响因素的干扰，又将导致工期拖延，使工程进度风险加大。因此，一个科学合理的进度计划优化曲线应处于香蕉曲线所包括的区域之内。

②定期比较工程项目的实际进度与计划进度。在工程项目的实施过程中，根据每次检查收集到的实际完成任务量，绘制出实际进度 S 曲线，便可以与计划进度进行比较。工程项目实施进度的理想状态是任一时刻的工程实际进展点都应落在香蕉曲线图的范围之内。如果工程实际进展点落在 ES 曲线的左侧，则表明此刻实际进度比各项工作按其最早开始时间安排的计划进度超前；如果工程实际进展点落在 LS 曲线的右侧，则表明此刻实际进度比各项工作按其最迟开始时间安排的计划进度拖后。可以利用香蕉曲线预测后期工程的进展情况。

（2）香蕉曲线的绘制方法

香蕉曲线的绘制方法与 S 曲线的绘制方法基本相同，不同之处在于香蕉曲线是以工作按最早开始时间安排进度和按最迟开始时间安排进度分别绘制的两条 S 曲线组合而成的。其绘制步骤如下。

①以工程项目的网络计划为基础，计算各项工作的最早开始时间和最迟开始时间。

②确定各项工作在各单位时间的计划完成任务量。分别按以下两种情况考虑。

第一种：根据各项工作按最早开始时间安排的进度计划，确定各项工作在各单位时间的计划完成任务量。

第二种：根据各项工作按最迟开始时间安排的进度计划，确定各项工作在各单位时间的计划完成任务量。

③计算工程项目总任务量，即对所有工作在各单位时间计划完成的任务量累加求和。

④分别根据各项工作按最早开始时间、最迟开始时间安排的进度计划，确定工程项目在各单位时间计划完成的任务量，即将各项工作在某一单位时间内计划完成的任务量求和。

⑤分别根据各项工作按最早开始时间、最迟开始时间安排的进度计划，确定不同时间累计完成的任务量或任务量的百分比。

⑥绘制香蕉曲线。分别根据各项工作按最早开始时间、最迟开始时间安排的进度计划确定的累计完成任务量或任务量的百分比描绘各点，并连接各点得到 ES 曲线和 LS 曲线，由 ES 曲线和 LS 曲线组成香蕉曲线。

在工程项目实施过程中，根据实际累计完成任务量，按同样的方法在原计划香蕉曲线图上绘出实际进度曲线，便可以进行实际进度与计划进度的比较。

4.前锋线比较法

前锋线是指在原时标网络计划上，从检查时刻的时标点出发，用点画线，依次将各项工作实际进展位置点连接而成的折线。

前锋线比较法是通过绘制某检查时刻工程项目实际进度前锋线，进行工程实际进度与计划进度比较的方法，它主要适用于时标网络计划。

采用前锋线比较法进行实际进度与计划进度的比较，其步骤如下。

（1）绘制时标网络计划图

工程项目实际进度前锋线是在时标网络计划图上标示的，为清晰起见，可在时标网络计划图的上方和下方各设一时间坐标。

（2）绘制实际进度前锋线

一般从时标网络计划图上方时间坐标的检查日期开始绘制，依次连接相邻工作的实际进展位置点，最后与时标网络计划图下方坐标的检查日期相连接。

工作实际进展位置点的标定方法有两种。

①按该工作已完成任务量比例进行标定。假设工程项目中各项工作均为匀速进展，根据实际进度，到检查时刻为止，该工作已完成任务量占其计划完成总任务量的比例，在工作箭线上从左至右按相同的比例标定其实际进展位置点。

②按尚需作业时间进行标定。当某些工作的持续时间难以按实物工程量来计算，而只能凭经验估算时，可以先估算从检查时刻到该工作全部完成尚需作业的时间，然后在该工作箭线上从右向左逆向标定其实际进展位置点。

（3）进行实际进度与计划进度的比较

前锋线可以直观地反映检查日期的有关工作实际进度与计划进度之间的关系。对某项工作来说，其实际进度与计划进度之间的关系可能存在以下三种情况。

①工作实际进展位置点落在检查日期的左侧，表明该工作实际进度拖后，拖后的时间为二者之差。

②工作实际进展位置点落在检查日期的右侧，表明该工作实际进度超前，超前的时间为二者之差。

③工作实际进展位置点与检查日期重合，表明该工作实际进度与计划进度一致。

以上比较是针对匀速进展的工作。对于非匀速进展的工作，比较方法较复杂，此处不赘述。

5.列表比较法

当工程进度计划用非时标网络图表示时，可以采用列表比较法进行实际进度与计划进度的比较。这种方法是记录检查日期应该进行的工作名称及其已经作业的时间，然后列表计算有关时间参数，并根据工作总时差进行实际进度与计划进度比较的方法。

采用列表比较法进行实际进度与计划进度的比较，其步骤如下。

①对于实际进度检查日期应该进行的工作，根据已经作业的时间确定其尚需作业时间。

②根据原进度计划计算检查日期应该进行的工作，以及从检查日期到原计划最迟完成时的尚余时间。

③计算工作尚有总时差，其值等于工作从检查日期到原计划最迟完成时间的尚余时间与该工作尚需作业时间之差。

比较实际进度与计划进度时可能遇到以下情况。

①如果工作尚有总时差与原有总时差相等，说明该工作实际进度与计划进度一致。

②如果工作尚有总时差大于原有总时差，说明该工作实际进度超前，超前的时间为二者之差。

③如果工作尚有总时差小于原有总时差，且仍为非负值，说明该工作实际进度拖后，拖后的时间为二者之差，但不影响总工期。

④如果工作尚有总时差小于原有总时差，且为负值，说明该工作实际进度拖后，拖后的时间为二者之差，此时工作实际进度偏差将影响总工期。

（二）分析进度偏差对后续工作和总工期的影响

在工程项目实施过程中，通过实际进度与计划进度的比较发现有进度偏差时，需要分析该偏差对后续工作及总工期的影响，从而采取相应的调整措施，以确保工期目标的顺利实现。

进度偏差的大小及其所处的位置不同，对后续工作和总工期的影响程度也是不同的，分析时需要利用网络计划中工作总时差和自由时差的概念进行判断。分析步骤如下。

1.分析出现进度偏差的工作是否为关键工作

如果出现进度偏差的工作位于关键线路上，即该工作为关键工作，则无论其偏差有多大，都将对后续工作和总工期产生影响，必须采取相应的调整措施。如果出现偏差的工作是非关键工作，则需要根据进度偏差值与总时差、自由时差的关系做进一步分析。

2.分析进度偏差是否超过总时差

如果工作的进度偏差超过该工作的总时差，则此进度偏差必将影响其后续工作和总工期，必须采取相应的调整措施。如果工作的进度偏差未超过该工作的总时差，则此进度偏差不影响总工期。至于对后续工作的影响程度，还需要根据偏差值与其自由时差的关系做进一步分析。

3.分析进度偏差是否超过自由时差

如果工作的进度偏差大于该工作的自由时差，则此进度偏差将会对其后续工作产生影响，此时应根据后续工作的限制条件确定调整方法。如果工作的进度偏差未超过该工作的自由时差，则此进度偏差不会影响后续工作，原进度计划可以不进行调整。

（三）确定后续工作和总工期的限制条件

当出现的进度偏差影响到后续工作或总工期而需要采取进度调整措施时，应当首先确定可调整进度的范围，主要指关键节点、后续工作的限制条件以及总工期允许变化的范围，这些限制条件往往与合同条件有关，需要认真分析后确定。

（四）采取措施调整进度计划

采取的进度调整措施，应该以后续工作和总工期的限制条件为依据，确保进度目标的顺利实现。

（五）实施调整后的进度计划

进度计划调整之后，应该采取相应的组织、经济、技术措施，并持续监测其执行情况。

第四节　项目进度管理的总结

大量工程实践证明，切实有效的进度控制能够帮助管理者准确掌握项目建设所需的时间及各项资源，有利于管理者在项目的实施过程中合理地编制施工进度计划并进行资源调配，进而加快施工进度、降低工程成本。在项目进度的控制中，应该把握以下几点。

一、项目进度管理的核心问题

改革开放以来，我国的经济飞速发展，机械制造技术不断增强，设备国产化进程加快。经济的发展和设备制造成本的降低，使得设备的购置和投入已经不是现代公路工程施工进度管理的核心问题。特别是进入 21 世纪后，随着工程设计与施工技术的进步，现代公路工程的规模变得越来越庞大，不但要投入大量的人力资源和机械设备，还有大量施工材料的生产、运输、贮存和供应工作，人、财、物等各种生产要素统一协调发挥效用的难度与日俱增，稍有不慎就有可能出现因窝工、停工，进而影响整个工程施工的顺利进行。因此，现代公路工程项目施工中，对人的管理就成了工程进度管理的核心问题。

二、多目标综合管理

在项目的具体管理实施过程中，需要在精确分析进度、安全、质量、成本四者之间的逻辑关系以及相互影响的基础上，研究在安全、质量、成本约束下如何进行进度优化，以便在项目管理过程中，能实现进度目标、安全目标、质量目标以及成本目标的综合优化。然后，根据各项任务目标的要求，精心规划、科学组织、合理安排，对任务目标进行具体分解，并细化到每天、每人，具体落实到每个施工队伍。因此，管理者应全过程、全面参与进度控制，每月（周）按时检查施工任务的完成情况，并对检查中存在的实际问题进行分析与研究，及时找到解决办法，并具体落实，以实现各项分期目标。

三、项目进度计划的合理编制和实施

在施工过程中，项目经理部应根据项目总体进度计划编制月进度计划。为了确保计划的实施，应坚持召开工程例会，每月月底检查现场施工进展状态，并且和计划进度做比较，做出施工总结。对没能按时完成的施工任务，分析其影响进度的关键因素，并制定切实可行的调整措施。此外，还应加强施工现场的调度与管控力度，加强人员、机械设备、物资材料的调配及供应力度，保证施工活动的有序进行。

同时，承包商应根据现场提供的每月施工进度记录，及时进行统计和标识，通过分析和整理，每月向总监理工程师及其代表、业主提交一份每月工程进度报告。在施工进度计划完成后，项目经理部应根据施工进度计划、实际记录、检查结果、调整资料，及时对施工进度控制中存在的问题及解决措施进行分析和总结。

四、提高项目进度控制的信息化

在进度控制过程中，应当将工作信息流程与网络技术相结合，使工程项目进度控制高效率进行。此外，有些软件可以实现工程项目进度的可视化，控制或演示工程形象进度和实体结构的完工情况，使项目参与者更加深入地了解工程施工状态。

在我国，许多大型的工程项目在实践中使用了相关专业软件对项目要素进行科学的控制管理，效果很好。但是，也有很多项目在进度管理中并没有充分利用相关的项目管理软件，使得管理效率较低。所以，项目进度的信息化管理工作还有待于进一步改进。

第六章　公路工程施工项目质量管理

第一节　质量管理发展的四个阶段

所谓质量管理，广义地说，是为了最经济地生产出适合使用者要求的高质量产品所采用的各种方法的体系。随着科学技术的发展和市场竞争的需要，质量管理已越来越为人们所重视，并逐渐发展成为一门新的学科。

最早提出质量管理的国家是美国。日本在第二次世界大战后引进美国的一整套质量管理技术和方法，结合本国实际，又将其向前推进，使质量管理走上了科学的道路。质量管理作为企业管理的有机组成部分，它的发展也是随着企业管理的发展而发展的，其产生、形成、发展和日益完善的过程大体经历了以下几个阶段。

一、质量检验阶段（20 世纪 20 年代至 40 年代）

20 世纪前，主要是依靠生产操作者自身的手艺来保证质量。进入 20 世纪，由于生产力的发展，机器的生产方式与手工作业的管理制度的矛盾，阻碍了生产力的发展，于是出现了管理革命。美国的泰勒（F. W. Taylor）研究了从工业革命以来的大工业生产的管理实践，创立了“科学管理”的新理论。他提出计划与执行、检验与生产的职能需分开，企业需设置专职的质量检验部门和人员从事质量检验工作。这使得产品的质量有了基本保证，对提高产品质量、防止不合格产品出厂或流入下一道工序有积极的意义。

由于这个阶段的质量管理单纯依靠事后检验、剔除废品等方式，因此，其管理效能有限。1924 年，管理统计学家休哈特（W. A. Shewhart）提出“预防缺陷”的概念。他认为，质量管理工作除了事后检查，还应在有不合格产品出现的苗头时，就及时发现并采取措施予以制止。他创建了统计质量控制图等一系列预防质量事故的理论。与此同时，还有一些统计学家提出了抽样检验的办法，把统计方法引入了质量管理领域，从而降低了检验成本。

二、统计质量管理阶段（20 世纪 40 年代至 50 年代）

第二次世界大战期间，美国经济复苏，军需物资出现大量质量问题，正如前所述，终端检验已无法解决产品质量合格率低的问题，为此，美国政府颁布了三项战时质量控制标准：《质量控制指南》《数据分析用控制图法》《工序控制用控制图法》。这就是质量管理中最早的质量控制标准。同时，美国政府采取三项强制措施加强质量管理：①强行对各公司以总检验师为首的质量管理人员开办“质量控制方法学习班”；②强制实施三项标准及其细则；③军方采购部门规定所有订货合同中应有质量管理要求条款（这是质量体系认证的雏形），否则取消订货资格。

第二次世界大战后，美国民用工业也相继采用三项战时质量控制标准，正式进入了“统计质量管理阶段”，即把质量管理的重点由生产线的终端移至生产过程的工序，把全数检验改为抽样检验，把抽样检验的数据分析制成控制图，再用控制图对工序进行加工质量监控，从而避免生产过程中大量不合格产品产生的现象。

三、全面质量管理阶段（20 世纪 60 年代至 70 年代）

1961 年，美国通用电气公司质量经理菲根堡姆（A. V. Feigenbaum）出版了《全面质量管理》一书，指出全面质量管理是为了能够在最经济的水平上，并考虑到充分满足用户要求的条件下，进行市场研究、设计、生产和服务。

市场经济的公平、激烈竞争，要求供方设计开发出适销对路的产品，因此，质量管理还要前移至产品的设计开发过程，进而再前移至市场研究阶段，产品出厂后还要跟踪市场，积极为顾客服务，随着市场经济的不断发展，质量管理沿着产品流程向两端拓展，最终汇聚于市场。所以，全面质量管理始于市场又终于市场。

全面质量管理是全过程的，非检验部门一家所能承担的，它涉及设计、工艺、设备、生产、计划、财会、教育、劳资、销售等部门。在系统论中，整个企业管理包括全面质量管理、全面财务管理、全面计划管理和全面劳动人事管理等，其中，全面质量管理是企业管理体系的核心。

全面质量管理的特征是“四全”“一科学”，即过程的质量管理、全企业的质量管理、全指标的质量管理、全员的质量管理以及以数理统计方法为中心的一套科学管理方法。

四、标准质量管理阶段（自 20 世纪 70 年代至今）

随着世界市场经济的发展、宇航业的发展、电信业的发展、计算机和网络技术的发展，以及服务业的发展，市场竞争激烈，供方不仅需要考虑满足顾客的要求，还应使顾客满意，并信任供方能长期稳定地向其提供满意的产品，这就需要有一整套利益相关方都认可的质量管理标准。在此背景下，市场进入质量管理和质量保证阶段，即标准质量管理阶段。

第二节　质量管理原则

公路工程项目建设投资大，建成及使用时间长，只有合乎质量标准，才能投入生产和交付使用，发挥投资效益，满足社会需要。现阶段，许多国家对工程质量都有一套严密的监督检查办法。在具体的质量管理过程中，应坚持以下原则。

一、以顾客的需求为关注焦点

组织（从事一定范围生产经营活动的企业）依存于其顾客。组织应理解顾客当前的和未来的需求，满足顾客要求并争取超越顾客的期望。

二、发挥领导者的作用

领导者负责确立本组织统一的质量宗旨和方向，并营造和保持使员工充分参与实现组织目标的内部环境。因此，领导者在企业的质量管理中起着决定性的作用。只有领导者充分重视，各项质量管理活动才能有效开展。

三、全员参与

各级人员都是组织之本，只有全员充分参与，才能为组织带来收益。产品质量是产品形成过程中全部相关人员共同努力的结果，企业领导者应对员工进行质量意识等各方面的培训，激发他们的积极性和责任感，为其能力的提高提供机会，鼓励其持续改进，并给予其必要的物质和精神奖励。

四、管理方法系统化

将相互关联的过程作为系统加以识别、理解和管理，有助于组织提高实现其目标的有效性和效率。不同企业应根据自己的特点，建立资源管理、过程实现、测量分析改进等方面的关联关系，并加以控制，即采用过程网络的方法建立质量管理体系，实施系统管理。

建立质量管理体系的步骤包括：①明确顾客期望；②建立质量目标和方针；③确定实现目标的过程和职责；④确定必须提供的资源；⑤规定测量过程有效性的方法；⑥实施测量，确定过程的有效性；⑦确定防止不合格产品产生并清除不合格产品的措施；⑧持续改进质量管理体系。

五、持续改进

影响项目质量的因素在变化，顾客的需求和期望也在变化，这就要求项目的相关方不断地提高其工作质量，以满足顾客和其他相关方日益增长的和不断变化的需求与期望。只有坚持持续改进，项目质量才能得到不断完善和提高。项目质量的持续改进是无止境的，应成为项目进展过程中一个永恒的主题。

实施本原则应采取的主要措施有以下几个。

①在组织的所有层级制定改进目标和实施指南。

②使持续改进成为一种制度。

③对员工进行培训，以实现改进目标。

④确保员工有能力完成改进目标。

⑤跟踪、评审和审核改进项目的计划及实施情况。

⑥对改进的结果加以肯定，并加以推广应用。

六、决策基于事实

在项目质量管理过程中，决策的有效性将决定质量管理的有效性，而有效的决策应建立在数据和信息分析的基础上。决策者应采取科学的态度，以事实或正确的信息为基础，通过合乎逻辑的分析，做出正确的决策。

在质量管理过程中，必须避免盲目的决策或只凭个人的主观意愿做出的决策。

实施本原则应采取的主要措施有以下几个。

①确定、测量和监视证实组织绩效的关键指标。

②明确规定应收集信息的种类、渠道和相关人员的职责，并有意识地收集与项目质量目标有关的各种数据和信息。

③对所采集的数据和信息进行鉴别，确保其准确性和可靠性。

④采取各种有效方法，分析、处理所采集的数据和信息。在分析时，应使用适当的统计技术。

⑤应建立完善的质量管理信息系统，确保信息渠道的畅通。

七、与供方互利合作

供方提供给项目的资源将对项目质量产生重要影响。项目的完成方与供方是相互依存、互利互惠的关系，这种关系可增强双方创造价值的能力。处理好与供方的关系，将对完成方是否能向顾客提供满意的项目成果产生影响。因此，对供方不仅要讲控制，还要讲互利合作，这对完成方和供方都是有利的，是一种双赢战略。

实施本原则应采取的主要措施有以下几个。

①确定相关方及其与组织的关系。

②合理选择重要的供方。

③建立、权衡短期利益和考虑长远因素之间的关系。

④收集并与相关方共享信息、专业知识和资源。

⑤与相关方之间创造一个通畅和公开的沟通渠道，及时解决有关问题。

⑥与相关方确定合作开发和改进活动。

⑦对相关方的改进及其成果给予承认和鼓励。

第三节　准备阶段的质量管理

施工准备阶段的质量管理是指项目正式施工活动开始前及项目开工后，对各项准备工作及影响质量的各因素和有关方面进行的各种控制活动。施工准备是为保证施工生产正常进行而必须事先做好的管理工作。施工准备工作不仅在工程开工前要做好，而且应贯穿于整个施工过程。施工准备的基本任务就是为施工项目建立一切必要的施工条件，确保施工生产顺利进行，确保工程质量符合要求。

一、基本任务

（一）组织员工的质量教育与培训

组织质量教育与培训可以提高员工的能力，增强其为顾客服务的意识。项目领导班子应着重以下几方面的培训：①质量意识教育；②质量方针和目标的理解与掌握；③质量管理体系有关方面的内容；④质量保持和持续改进意识。可以通过面试、笔试、实际操作等方式检查培训的有效性。另外，还应保留员工的教育、培训及技能认可的记录。

（二）施工质量计划的编制与审批

施工质量计划必须有规定的活动内容，有进度、有分析、有检验、有成果表达，要求责任部门认真对待，保质、保量、按期完成，并对施工质量计划安排合理性进行分析。

施工质量计划的内容主要包括以下几点。

①工程特点及施工条件分析（合同条件、法规条件和现场条件）。

②质量总目标及其分解目标。

③质量管理组织机构和职责，以及人员、资源配置计划。

④确定施工工艺与操作方法的技术方案和施工任务的流程组织方案。

⑤施工材料、设备物资等的质量管理及控制措施。

⑥施工质量检验、检测、试验工作的计划安排及其实施方法。

⑦施工质量控制点的跟踪控制方式与要求。

施工单位的项目施工质量计划编成后，应按照工程施工管理程序进行审批，包括施工企业内部的审批和项目监理机构的审查。企业内部首先由项目经理部审批，然后报企业组织管理层批准。项目监理机构在工程开工前，应组织专业监理工程师审查承包单位报送的施工组织设计（方案）报审表，提出意见，并经总监理工程师审核、签认后报建设单位。

（三）施工机械的质量管理

施工的机械设备、设施、器具等的配置及其性能，对施工的质量、安全、进度和成本有重要影响，合理选择施工机械设备是保证施工质量的重要措施。

①对施工所用的机械设备，应根据工程需要，从设备选型、主要性能参数及操作要求等方面加以控制。

②模板、脚手架等施工设施，除按适用的标准定型选用外，一般需要按设计及施工要求进行专项设计，应将其设计方案、制作质量的控制及验收作为重点进行控制。

③按现行施工管理制度要求，针对工程所用的施工机械、模板、脚手架，特别是危险性较大的现场安装的起重机械设备，施工单位不仅要履行设计安装方案的审批手续，而且安装完毕启用前必须经专业管理部门的验收，验收合格后方可使用。同时，在使用过程中需落实相应的管理制度，以确保其可以持续正常使用。

（四）材料设备的质量管理

建筑材料、构配件和设备是直接构成工程实体的物质，应从施工备料开始进行控制，包括对供货厂商的评审、询价，以及采购计划与方式的控制等。因此，要想进行采购质量控制，必须有健全有效的采购控制程序，必须将采购计划报送工程监理机构进行审查。材料在选用时，优先采用节能降耗的新型建筑材料，禁止使用国家明令淘汰的建筑材料。建筑材料或工程设备在使用前应进行以下检查：是否有产品质量检验合格证明；是否有中文标明的产品名称、生产厂名和厂址；产品包装和商标式样是否符合国家有关规定与标准要求；工程设备是否有产品详细的使用说明书，电气设备还应附有线路图；实施生产许可证或实行质量认证的产品，是否有相应的许可证或认证证书。

（五）设计交底和图纸审核的质量控制

设计图纸是进行质量控制的重要依据。为了使施工单位熟悉有关的设计图纸，充分了解拟建项目的特点、设计意图，以及工艺、质量要求，减少图纸的差错，消灭设计中的质量隐患，需要做好设计交底和图纸审核工作。

设计交底是指在施工图完成并经审查合格后，设计单位在将设计文件交付施工时，按法律规定的义务就施工图设计文件向施工单位和监理单位做出详细的说明。其目的是对施工单位和监理单位正确贯彻设计意图，使其加深对设计文件特点、难点、疑点的理解，掌握关键工程部位的质量要求，确保工程质量。设计单位在设计交底时应将以下主要内容向相关单位进行说明：①地形、地貌、水文气象、工程地质及水文地质等自然条件；②施工图设计依据，包括初步设计文件，规划、环境等要求，以及设计规范；③设计意图，包括设计思想、设计方案比较、基础处理方案、结构设计意图、设备安装和调试要求、施工进度安排等；④施工注意事项，包括对基础处理的要求、对建筑材料的要求、采用新结构和新工艺的要求，以及施工组织、技术保证措施等。

图纸审核的主要内容包括：①对设计者的资质进行认定；②设计是否满足抗震、防火、环境卫生等要求；③图纸与说明是否齐全；④图纸中有无遗漏、差错或相互矛盾之处，图纸表示方法是否清楚并符合标准要求；⑤地质及水文等资料是否充分、可靠；⑥所需材料来源有无保证，能否替代；⑦施工工艺、方法是否合理，是否切合实际，是否便于施工，能否保证质量要求；⑧施工图及说明书中涉及的各种标准、图册、规范、规程等，施工单位是否满足其相应要求。

（六）采购质量控制

采购质量控制主要包括对采购产品及其供方的控制，制定采购要求和验证采购产品。建设项目中的工程分包也应符合规定的采购要求。

物资采购应符合设计文件、标准、规范、相关法规及承包合同等要求，如果项目部另有附加的质量要求，也应予以满足。对于重要物资、大批量物资、新型材料，以及对工程最终质量有重要影响的物资，可由企业主管部门对可供选用的供方进行逐一评价，并确定合格供方名单。

采购要求是采购产品控制的重要内容。采购要求的形式可以是合同、订单、技术协议、询价单及采购计划等。采购要求包括：有关产品的质量要求或外包服务要求；有关产品提供的程序性要求，如供方提交产品的程序、供方生产或服务提供的过程要求、供方设备方面的要求；对供方人员资格的要求；对供方质量管理体系的要求。

（七）明确关键部位的质量控制点

施工质量控制点是施工质量管理的重点控制对象。一般选择下列部位或环节作为质量控制点：①施工过程中的重要项目、薄弱环节和关键部位；②影响工期、质量、成本、安全、材料消耗等重要因素的环节；③新材料、新技术、新工艺的施工环节；④质量信息反馈中缺陷频数较多的项目。

二、质量管理依据

（一）设计图纸和相关规范

严格按照设计图纸和技术规范中写明的试验项目、材料性能、施工要求和允许偏差等有关规定进行施工。没有监理工程师的同意，不得引用其他任何标准。

（二）合同条款

图纸和技术规范是对工程的具体要求，而合同条款是要求承包人执行规范、按图纸施工的法律保证，二者结合起来才能保证工程质量达到规定水平。

三、质量管理程序

（一）开工报告

在各单位工程、分部工程或分项工程开工之前，承包商应向高级驻地监理工程师提交工程开工报告。工程开工报告一般应提出工程实施计划和施工方案，依据技术规范列明工程的质量控制指标，以及检验频率和方法，说明材料、设备、劳力及现场管理人员等的准备情况，提供放样测量、标准试验、施工图等必要的基础资料。

（二）工序自检报告

承包人的自检人员按照监理工程师批准的工艺流程和提出的工序检查程序，在每道工序完工之后首先自检，自检合格后，报监理工程师进行检查认可。

（三）工序检查认可

监理工程师应紧接承包人的自检，或在承包人自检的同时，对每道工序完工后进行检查验收并签字认可，对不合格的工序指示承包人进行缺陷修补或返工。前道工序未经检验认可，后道工序不得进行。

（四）中间交工报告

当工程的单位、分部或分项工程完工后，承包方的自检人员再进行一次系统的自检，汇总各道工序的检查记录，以及测量和抽样试验的结果，提出交工报告。自检资料不全的交工报告，监理工程师应拒绝验收。

（五）中间交工证书

监理工程师应对按工程量清单完工的单项工程进行一次系统的检查验收，必要时应做测量或抽验试验。检查合格后，请高级驻地监理工程师签发中间交工证书，未经中间交工检验或检验不合格的工程，不得进行下一项工程项目的施工。

（六）中间计量

对填发中间交工证书的工程，方可进行计量，并由高级驻地监理工程师签发中间计量表。当完工项目的竣工资料不全时，可暂不计量支付。

四、质量管理的基本方法

（一）设立管理点

运用数理统计方法实施质量控制。所谓管理点，就是设置在需要加强质量控制的重点工序（或重点部位）的测试点。正确设立管理点是进行工序质量控制的前提。

（二）开展质量统计分析

为了充分发挥施工过程中质量控制的预防作用，必须系统地掌握各施工处、施工班组在一定时间内工程质量或工作质量的现状及发展动态。为此，必须开展质量统计分析工作。统计分析的指标一般分为两类：第一类为工程质量指标，主要有优良品率、合格率及其分布情况，用来考核分部工程的质量水平；第二类为工作质量指标，主要有废品率、返修率等。

通过分析，查出发生质量问题的原因，如图纸错误、材料不合格、不按图施工、违反工艺及操作规程、技术指导错误等。在几个原因同时起作用的情况下，要分清主次。原因力求具体，以便采取预防措施和改进对策。

第四节　施工及竣工阶段的质量管理

一、施工阶段的质量管理

（一）认真做好施工技术交底工作

1.施工技术交底的目的

公路工程施工项目的施工技术交底是在项目开工前，由主管技术领导向参与施工的人员进行的技术性交底，其目的是使施工人员对工程特点、技术质量要求、施工方法与措施等方面有一个较详细的了解，以便于科学地组织施工，避免出现技术质量问题。

2.施工技术交底的内容

施工技术交底是施工组织设计和施工方案的具体化，施工技术交底的内容必须具有可行性和可操作性。

施工技术交底的内容包括：①承包合同中有关施工技术管理和监理办法，合同条款规定的法律、经济责任和工期；②设计文件、施工图及说明要点等内容；③分部、分项工程的施工特点、质量要求；④施工技术方案；⑤工程合同技术规范、使用的工法或工艺操作规程；⑥材料的特性、技术要求及节约措施；⑦季节性施工措施；⑧安全、环保方案；⑨各单位在施工过程中的协调配合、机械设备组合、交叉作业及注意事项；⑩试验工程项目的技术标准和采用的规程。

3.施工技术交底的形式

①主管技术领导可通过召集会议的形式进行技术交底，应形成会议纪要并归档，交底的内容可纳入施工方案中，也可单独形成交底方案。

②各专业技术管理人员应通过书面的形式配以现场口头讲授的方式进行技术交底，技术交底的内容应单独形成交底文件。交底内容应有交底的日期，有交底人、接收人签字，并经项目总工程师审批。

（二）加强公路工程施工测量控制

公路施工测量放线是公路工程产品由设计转化为实物的第一步，制约施工过程中各有关环节的质量、进度，施工测量质量的好坏直接决定工程的定位和标高是否正确，并且制约施工过程有关工序的质量。因此，施工单位在开工前应编制测量控制方案，经项目技术负责人批准后实施。对建设单位提供的原始标点、基准线和水准点等测量控制点进行复核，并将复测结果上报监理工程师审核，批准后施工单位才能建立施工测量控制网，进行工程定位和标高基准的控制。

公路工程施工项目管理在实际施工过程中，也必须加强工程测量管理，采取切实可行的措施，全方位做好施工测量放线工作，以保证和提高施工质量，具体内容如下。

①提高测量放线人员的素质。作为一个合格的、专业的测量员，首先要具备吃苦耐劳、细心谨慎、团结协作的基本素质；其次要有较强的读图能力和质量意识，要养成事前反复考虑、事后认真检查的好习惯。

②增加测量仪器的成本投入，采取先进的测量工具，做好测量仪器的定期检测工作。

③合理安排施工工序，为测量放线提供较好的施工环境，从而保证测量放线成果。

④全民动员，从领导到各专业工程师均要提高对测量工作的认识。在测量工作的各个程序中实行双检制。针对各工点、工序范围内的测量工作，测量组应自检复核签认。分工衔接上的测量工作，由测量队或测量组进行互检复核和签认。项目测量队组织对控制网点、测量组设置的施工用桩与重大工程的放样工作进行复核测量，经项目技术部门主管现场进行检查签认，总工程师审核签认合格后，报驻地监理工程师审批认可；项目经理部总工和技术部门负责人要对测量队、组执行测量复核签认制度进行检查，并做好检查记录。

（三）加强公路工程计量控制

公路工程计量是投资控制的中心环节，也是对工程项目建设质量、进度控制的有力手段，是相关人员按照相关技术规范规定的方法对承包商符合要求的已完工工程的实际数量所进行的测量、计算、核查和确认的过程。

1.公路工程计量的组织类型

①监理工程师独立计量，计量工作由监理工程师单独承担，然后将计量的记录送承包人。承包人若对计量有异议，则可在七日内以书面形式提出，再由监理工程师对承包商提出的质疑进行复核，并将复议后的结果通知承包人。

②承包人进行计量，由承包人对已完工的工程进行计量，然后将计量的记录及有关资料报送监理工程师核实确认。

③监理工程师与承包人共同计量，在进行计量前，由监理工程师通知承包人计量的时间与工程部位，然后由承包人派人同监理工程师共同计量，计量后双方签字认可。

2.公路工程计量的原则

①按照合同应计量的所有工程细目，以公制的物理计量单位或习惯的自然计量单位进行计量。②确定按合同完成的工程数量所采用的量测和计算方法。③一切工程的计量，应由承包人提供符合精度要求的计量设备和条件，并由承包人计算后报监理工程师审核确认。④凡超过图纸所示或监理工程师指示的任

何长度、面积或体积，都不予计量。模板、脚手架、装备、联结螺栓、垫圈等其他材料，应包括在其他支付细目中，不单独计量。⑤如果规范规定的任何分项工程或其细目未在工程量清单中出现，则应被认为是其他相关工程的附属义务，不再单独计量。

（四）加强公路工程工序施工质量控制

公路工程项目的施工过程是由一系列相互关联、相互制约的工序所构成的，工序质量是基础，直接影响工程项目的整体质量。要控制公路工程项目施工过程的质量，首先必须控制工序的质量。因此，工序的质量控制是施工阶段质量控制的重点。只有严格控制工序质量，才能确保施工项目的实体质量。工序质量控制方法一般包括以下内容。

①严格遵守工艺规程施工工艺和操作规程。这不仅是进行施工操作的依据和法规，也是确保工序质量的前提，任何人都必须严格执行，不得违反。

②主动控制工序活动条件的质量。工序活动条件包括的内容较多，主要是指影响质量的五大因素，即施工操作者、材料、施工机械设备、施工方法和施工环境等。只要将这些因素切实有效地控制起来，使它们处于被控制状态，确保工序投入品的质量，避免系统性因素变异发生，就能保证每道工序的质量正常、稳定。

③及时检验工序活动效果。工序活动效果是评价工序质量是否符合标准的尺度。因此，必须加强质量检验工作，对质量状况进行综合统计与分析，及时掌握质量动态。一旦发现质量问题，立即研究处理，自始至终使工序活动效果满足规范和标准的要求。

④设置工序质量控制点。控制点是指为了保证工序质量而需要进行控制的重点、关键部位、薄弱环节，以便在一定时期内、一定条件下进行强化管理，使工序处于良好的控制状态。

（五）加强公路工程施工质量检查

施工质量检查是贯穿整个施工过程的最基本的质量控制活动，包括施工单位内部工序质量的检查、互检、专检和交接检查，以及现场监理机构的旁站检查、平行检查等。施工现场质量检查是公路工程施工过程质量管理的主要手段。公路工程施工现场质量检查的形式有观察、测量、试验、分析、监督、总结提高。

现场质量检查的内容主要包括以下几点：①开工前检查。目的是检查是否具备开工条件，开工后能否连续正常施工，能否保证工程质量。②工序交接检查。对重要工序或对工程质量有重大影响的工序，在自检、互检的基础上，还要组织专职人员进行工序交接检查。③隐蔽工程检查。凡是隐蔽工程，均应检查认证后方能掩盖。④停工后复工前的检查。因处理质量问题或某种原因停工后需复工的工程，也应经检查认可后方能复工。⑤分项、分部工程完工后，应经检查认可，签署验收记录后，才允许进行下一工程项目施工。⑥成品保护检查。检查成品有无保护措施，或保护措施是否可靠。

（六）加强公路工程成品保护的管理

公路工程的成品保护，目的是避免已完工的成品受到来自后续施工以及其他方面的污染或损坏。针对已完工的成品保护问题和相应措施，应在工程施工组织设计与计划阶段进行考虑，这能较好地防止因施工顺序不当或交叉作业对公路成品造成污染和损坏。成品形成后可采取防护、覆盖、封闭、包裹等相应措施进行保护。

二、竣工阶段的质量管理

竣工阶段的质量管理主要是施工项目竣工验收的质量控制，是整个项目施工质量控制的最后环节，是对施工过程质量控制成果的全面检验，是对工程质量、参建单位和建设项目进行的综合评价。

（一）明确竣工质量验收的依据

①国家相关法律法规和交通部门颁布的管理条例与办法。

②批准的工程初步设计、施工图设计及变更设计文件。

③批准的招标文件及工程施工承包合同。

④行政主管部门的有关批复、指示文件。

⑤公路工程施工质量验收规范。

（二）严格按照竣工验收要求验收

公路工程竣工验收应具备下列条件：

①完成合同约定的各项内容。

②有完整的技术档案和施工管理资料。

③有工程使用的主要建筑材料、构配件和设备的进场试验报告。

④有工程勘察、设计、施工、工程监理、质量监督机构等单位分别签署的质量合格文件。

⑤有施工单位签署的工程保修书。

在公路工程符合竣工验收条件后，建设单位（项目法人）应按照项目管理权限及时向交通主管部门申请正式竣工验收。交通主管部门应当自收到申请之日起 30 日内，对申请人递交的材料进行审查，对于不符合竣工验收条件的，应当及时退回并告知理由；对于符合验收条件的，应自收到申请文件之日起 3

个月内组织竣工验收。

参加验收主要有交通主管部门、建设单位（项目法人）、设计单位、监理单位、施工单位和质量监督机构等单位。正式验收的主要工作主要包括以下几点。

①建设、勘察、设计、施工、监理单位分别汇报工程合同履约情况，以及工程各环节施工满足设计要求、质量符合法律法规和强制性标准的情况

②检查审核设计、勘察、施工、监理单位的工程档案资料及质量验收资料。

③实地检查工程外观质量，对工程的使用功能进行抽查。

④对工程施工质量管理各环节工作、工程实体质量及质保资料情况进行全面评价，形成经验收组人员共同确认签署的工程竣工验收意见。

⑤竣工验收合格，建设单位应及时提出工程竣工验收报告。验收报告还应附有工程施工许可证、设计文件审查意见、质量检测功能性试验资料、工程质量保修书等法规所规定的其他文件。

⑥工程质量监督机构应对工程竣工验收工作进行监督。

第七章　公路工程施工项目安全管理

第一节　安全事故的主要类型及致因分析

一、安全事故的主要类型

事故一般指导致死亡、职业相关病症、伤害、财产损失或其他损失的意外事件。本章所涉及的施工安全事故是指在正常的施工条件下，由于施工单位自身管理组织不善等原因，在工程施工过程中发生的人员伤害或死亡的意外事件。公路工程施工是一个复杂的人、机、环境系统，具有点多、线长、建设周期长、受自然条件影响大等特点，安全事故频发，且安全事故主要是由施工环境、管理、作业人员、机械设备和材料等方面的原因引起。

有关统计资料表明，公路施工发生的安全事故具有发生部位、发生类型的规律性和重复性特征。在我国公路工程项目施工中，施工安全事故主要有以下9种类型：①高处坠落；②施工坍塌；③物体打击；④机械伤害；⑤车辆伤害；⑥触电；⑦火灾爆炸；⑧烫伤；⑨中毒窒息。其中高处坠落、施工坍塌、物体打击、机械伤害、车辆伤害、触电这六种事故类型在公路工程项目施工中最为常见。

二、安全事故致因分析

随着事故致因理论的发展，人们对事故发生的认识也在不断深入。我们可以发现，人的因素、物的因素、环境的因素和管理的因素是引起施工安全事故的四大主要因素。其中，人的不安全行为、物的不安全状态和环境的不安全状态是事故发生的直接原因，当人的不安全行为运动轨迹与物的不安全状态运动轨迹发生交叉时，就会发生安全事故。此外，管理缺陷是安全事故发生的根本原因，人、物、环境都受管理因素支配，所以预防安全事故发生，应从根本上改进安全管理措施，提高安全管理水平。

（一）人的因素

人的因素主要是指导致事故发生的人的不安全行为。人的不安全行为又称人的失误，是指人为地使公路施工系统发生故障或发生性能不良等事件，是一种违背设计和操作规程的错误行为。人的心理、生理、自身技能知识和周边的环境都能导致人的不安全行为的发生。按照国家标准《企业职工伤亡事故分类》，人的不安全行为的表现形式可分为十三类，如下所示。

①操作失误、忽视安全和警告标志信号等。

②造成安全装置失效。

③使用不安全设备。

④手代替工具操作。

⑤物资存放不当。

⑥冒险进入危险场所。

⑦攀爬不安全位置。

⑧在起吊物下作业、停留。

⑨在机械运转时进行检查、维修、保养等工作。

⑩工作时注意力分散不集中。

⑪没有正确使用个人防护用品、用具。

⑫穿戴不安全装束。

⑬对易燃、易爆等危险品处理失误。

（二）物的因素

在公路施工过程中，物的因素主要是指物的不安全状态，即指机械设备、施工物资等明显不符合安全要求的状态，也是事故发生的直接因素之一。物的不安全状态主要有物（包括机械设备、设施、工具等）本身存在的缺陷、安全防护方面的缺陷、物的存放方法的缺陷、施工作业方法导致的物的不安全状态，以及安全信号、标志等缺陷。

所有物的不安全状态，背后都隐藏着人的不安全行为或人的失误，与人的不安全行为或人的操作、管理失误有不可分割的联系。物的不安全状态既反映物的自身特性，又反映人的素质和人的决策水平。施工企业对施工全体人员和施工物资采取相应的安全技术措施和安全管理措施，可以有效控制物的不安全状态，预防安全事故的发生。

（三）环境的因素

环境因素指的是施工现场周边环境的不良状态。不良的公路施工环境不仅会影响人的行为，同时也会对施工物资等产生不良作用，导致施工安全事故的发生。众所周知，公路建设工程施工作业的显著特点是露天作业、工序繁多，交叉作业多，机械化和半机械化作业程度相对较低，使用的材料种类多等，诸多可变因素都有可能对作业环境产生影响，甚至产生重大影响，以致影响安全生产。

安全事故的发生都是由人的因素和物的因素共同作用引起的，而施工环境是安全事故发生的背景条件，客观上影响了事故隐患的发生和发展。例如，整洁、有序的施工现场肯定较杂乱的施工现场发生事故的概率低，如果施工现场存在施工材料和机械设备的胡乱摆放、电线私拉乱扯等情况，那么不仅会给公路施工工作带来不便，同时也会引起从业人员的烦躁情绪，进而可能导致从业人员的操作失误，引起安全事故。所以，杂乱无序的施工环境是引发安全事故的重要因素。

另外，在公路施工现场，如果遇到不利于公路施工的天气或地质环境，也容易引起安全事故。同时，人文环境也是一个不容忽视的因素，如果施工企业内有一个良好的安全氛围，甚至形成了企业的安全文化，那么工人在这样的环境下进行公路施工作业，发生安全事故的概率将大大降低。

（四）管理的因素

人的不安全行为和物的不安全状态，往往只是安全事故发生的表面原因。深入分析可以发现，安全事故的根源在于施工企业安全管理方面存在缺陷，因此，采取适当的安全管理措施可以把人的因素、物的因素和环境的因素对安全事故发生的影响程度降到最低。

导致安全事故发生的管理因素主要包括：企业领导层对施工安全不重视、安全意识薄弱，安全管理机构不完善、职责不明确，安全管理制度不健全，施工组织、安全操作规程不健全或不合理，安全投入和教育培训力度不够，安全隐患排查整改不彻底等。

需要说明的是，在公路施工过程中，施工机械失控、环境突变、安全管理不到位等现象并不是孤立存在的，它们之间存在一定的相互影响和交互作用，共同构成了公路施工安全事故的环境条件。

第二节　危险源的辨识

危险源是指可能导致从业人员伤亡或相关单位财产损失的潜在的不安全因素，而危险源辨识就是识别危险源并确定其特性的过程，是事故预防、安全评价的基础，为公路施工的安全管理工作提供了帮助。

一、危险源的构成要素与分类

根据事故致因分析，归纳总结危险源的构成要素、辨识程序、辨识方法等，能为进一步实施危险源的管理控制提供技术支持。

1.危险源的构成要素

根据危险源的定义，危险源是导致一切安全事故的起因，应具有三个基本要素：①潜在危险性；②存在条件；③触发因素（包括人为因素、自然因素和管理因素）。

2.危险源的理论分类

公路施工过程中存在的危险源具体可见下表 7-1。

表 7-1　危险源分类表

危险源	具体内容
物理性危险源	1.设备、设施缺陷；2.防护缺陷；3.电危害；4.噪声危害；5.振动危害；6.电磁辐射；7.运动物危害；8.明火；9.能造成灼伤的高温物质；等等
化学性危险源	1.易燃、易爆性物质；2.自燃性物质；3.有毒物质；4.腐蚀性物质；5.其他化学性危险、危害因素
心理或生理性危险源	1.负荷超限；2.健康状况异常；3.从事禁忌作业；4.心理异常；5.辨识功能缺陷；6.其他心理、生理性危险因素

续表

危险源	具体内容
生物性危险源	1.致病微生物；2.传染病媒介物；3.致害动物；4.致害植物；5.其他生理性危险和有害因素
行为性危险源	1.指挥错误；2.操作失误；3.监护失误；4.其他错误；5.其他行为性危险和有害因素

实际上，在公路施工过程中，鉴于危险源种类繁多，且在导致事故发生和事故危害程度方面所起的作用很不相同，难以对其全部概括罗列，所以依据能量意外释放理论，根据危险源在事故发生、发展中的作用，把危险源分为第一类危险源和第二类危险源两大类。在事故的发生过程中两类危险源相互依存、相辅相成，共同作用，导致安全事故的发生。

第一类危险源是指可能发生意外释放的能量或危险物质。它是事故发生的前提，决定了事故后果的严重程度。它在公路施工安全系统中，是不可避免、无法完全消除的存在。

第二类危险源是导致约束、限制能量措施失效或破坏的各种不安全因素。它决定了事故发生的可能性大小，主要包括物的故障、人的失误和环境因素等三种类型。

通过对工程项目中危险源的分析，可以确定公路施工中存在的危险源类别（见下表 7-2）。

表 7-2　施工项目危险源类别

模式	第一类危险源		第二类危险源	
	人的不安全行为	物的不安全状态	人的不安全行为	物的不安全状态
人员	操作不当	—	监控不当	—
机具、设施	—	重大危险源设备缺陷	—	重大危险源设备缺陷
施工技术、管理方法	技术（工艺）方法不当	技术（工艺）方法不当	管理失误	管理失误
环境	恶劣环境	恶劣环境	恶劣环境	恶劣环境

二、危险源辨识的程序与方法

危险源辨识是控制危险源的基础，是控制危险源的关键措施之一。危险源辨识的内容主要包括：工作环境；平面布局；运输线路；施工工序；施工机具、设备；有害作业部位；各种设施等。

（一）危险源辨识的程序

1.分析系统的确定

危险源辨识需要在特定的系统内进行，所以在进行危险源调查之前，首先需要确定所要分析的系统，然后全面辨识整个系统内所有的活动，把总系统逐级分解为子系统，以利于危险源的辨识。

2.危险源的调查

在系统分析和分解完成后，针对系统进行危险源调查，即对公路施工系统中的机械设备及施工材料情况、作业环境情况、施工操作情况、安全管理防护情况等进行统计调查，进行危险源的初始辨识，明确系统中的危险源主要有哪些类别，重大危险源是哪一些。

3.危险区域的界定

危险源一旦引发事故，它会有一个影响的范围，以危险源点为核心，加上防护范围即为危险源区域。企业可以通过以下三种方法界定危险源区域：①按危险源是固定还是移动界定；②按危险源是点源还是线源界定；③按危险作业场界定。

4.危险源存在条件与触发因素的分析

由于存在条件不同，一定数量的危险物质或一定强度的能量被触发转换为事故的可能性大小不同，所引发事故的危险程度也不同。因此，存在条件与触发因素的分析是危险源辨识的重要环节。

①危险源存在条件分析主要是针对第一类危险源，由于第一类危险源是固定存在的，在一定的触发条件下，这类危险源可能导致安全事故的发生。

②危险源只有在一定的触发条件下，才有可能导致安全事故发生。在公路施工系统中，触发因素可分为人为因素和自然因素。人为因素包括个人因素和管理因素，而自然因素则是指引起危险源转化的各种自然条件。

触发因素主要来自第二类危险源，管理失误导致的人为失误是最大的触发因素。只要对危险源的触发因素加以研究分析，减少人为失误，就可以减少系统的危险性，有效提高安全管理水平，从而最大限度地避免安全事故的发生。

5.危险源的等级划分

危险源的等级划分实质上就是对危险源的评价。危险源的等级一般按危险源在触发因素作用下转化为事故的可能性大小与引发事故的后果严重程度划分，即根据危险源的潜在危险性大小、控制难易程度、事故可能造成损失情况进行等级划分。

（二）危险源的辨识方法

常用的危险源辨识方法大致分为直观经验法和系统安全分析方法两大类。

1.直观经验法

直观经验法适用于以往经验可以借鉴的危险源辨识过程，不适用于没有可供参考先例的新系统。直观经验法作为危险源辨识中的常用方法，其优点是简便、易行，缺点是受辨识人员知识、经验和拥有资料的限制，可能出现遗漏。直观经验法主要有对照分析法、经验法和类比推断法等。其中，对照分析法就是对照有关标准、法规、检查表，或依靠专业分析人员的观察分析能力，直观地评价对象危险性的方法。

在施工项目的危险源辨识中，常用类比推断兼顾专家评议的方法。通过利用相同或类似工程项目、作业条件的经验和事故类型的统计资料来类推、分析评价对象的危害因素。对于施工作业，它们在事故类别、伤害方式、事故概率等方面极其相似，作业环境中所得到的监测数据也具有很大的相似性，又由于它们遵守相同的规律，因此，其危险源和导致的后果也可以类推，具有较高的可信度。

2.系统安全分析法

系统安全分析法是指应用系统安全工程评价方法的部分方法进行危险源辨识。系统安全分析法常用于复杂系统和没有事故经验的新开发系统，可以广泛适用于不同领域、阶段和场合。目前，对于施工项目较为适用的系统安全分析法有安全检查表法、危险性预先分析法、事故树分析法和因果分析法等。在公路施工项目危险源辨识过程中，可以选择多种方法一起使用。

第三节　安全管理体系

公路施工安全管理的核心是危险源的管理，而不是事故的管理，对危险源的管理控制即是对事故的预防。可以利用安全技术、安全培训教育和安全管理等手段控制、消除危险源，避免事故的发生。

前文提到公路施工事故发生的原因主要包括人的因素、物的因素、环境的因素和管理的因素等。因此，基于公路工程施工事故致因的分析，下面从以下四方面进行危险源管理控制。

一、人员的安全管理

人员的安全管理就是控制人为失误，减少不正确行为对危险源的触发作用。

对人的不安全行为进行管理控制，首先要合理选择、安排作业人员，由于有的操作管理技术比较复杂，对作业人员的要求较高，因此应选拔那些认真负责、技术能力强的员工从事危险源多的作业。其次应加强施工企业的安全文化建设，对员工进行严格的培训考核，加强上岗前安全教育和技能培训，提高员工的安全意识和安全技能。要对从事危险岗位的员工进行专业培训，确保其能严格按照安全操作规程进行作业。培训内容主要包括危险源控制管理的意义、本单位（岗位）的主要危险类型、产生危险的主要原因、控制事故发生的主要方法、日常的安全操作要求、应急措施和各种具体的管理要求等。

二、机械设备的安全管理

物的不安全状态的运动轨迹，一旦与人的不安全行为的运动轨迹发生交叉，就会发生安全事故，所以危险源控制管理工作的核心就是消除物的不安全状态和人的不安全行为。

对物的不安全状态的控制，首先要进行危险源辨识，通过辨识找出危险源，使得管理对象更为明确，通过危险源的评价发现隐患的危害程度，以便为隐患整改提供依据。然后采用技术措施对固有危险源进行控制，通过对危险源进行消除、控制、转移、防护、隔离和监控等措施清除危险源。

例如，对施工机械危险源进行管理控制，首先对其进行辨识和评价，然后正确选择施工机械设施，合理调配使用，同时做好作业人员的选择、培训和教育工作，保证机械设施的正确使用，最后对机械设备定期进行安全检查、维修和更新，从而控制、消除危险源，避免事故的发生。

三、施工环境的安全管理

作业环境的优劣，直接关系到公路施工安全。作业环境管理的核心是如何保持作业环境的整洁有序与安全无害，给作业人员创造一个良好的作业环境。

1.施工平面布置

施工平面布置的总体要求是布置紧凑，充分利用场地；场内道路畅通，运输方便，减少二次搬运；在保证顺利施工的条件下，尽可能减少临时设施搭设，尽可能利用附近的原有建筑物作为临时设施；应便于工人生产和生活，办公用房、福利设施应在生活区内。施工平面应符合防火治安、卫生防疫、环境保护和无建设公害的要求。

2.施工现场功能区划分

根据施工项目的要求，施工现场可划分为作业区（辅助作业区）、材料堆放区和办公生活区。作业区与办公生活区分开设置，并保持安全距离。办公生活区应设置在建筑物坠落半径之外，还应设置防护措施，以免人员误入危险区域。

3.安全警示标志

根据工程特点及施工的不同阶段，在危险部位要有针对性地设置、悬挂明显的安全警示标志。危险部位主要指施工现场入口处、施工起重机械、临时用电设施、脚手架、出入通道口、桥梁口、隧道口等。

四、管理制度的安全管理

在公路施工过程中，可采取以下管理措施对危险源实施管理控制，达到安全施工的目的。

①建立健全的危险源管理规章制度。在确定危险源后，首先要全面分析危

险源的危险性，然后进一步完善相关规章制度，如日常管理检查制度、安全操作规程、安全生产责任制、交接班制度、操作人员培训考核制度、考核奖惩制度等。

②将各级危险源的定期检查工作落到实处。应根据危险源的等级，分别确定各级负责人，并明确其具体责任，特别是要明确各级危险源的定期检查责任。

③强化危险源的日常管理，保证工作人员切实执行相关危险源的日常管理规章制度，负责人和安检部门应认真记录好所有的活动，定期进行严格考核，根据检查、考核情况进行奖惩。

④及时根据信息反馈整改隐患。危险源的管理和控制依赖施工现场信息的及时反馈，若想及时地、彻底地整改安全隐患，就必须建立健全的信息反馈制度，并严格执行。

⑤抓好危险源控制管理的基础建设工作，对危险源进行归档管理。在公路施工场地危险源附近设置醒目的安全标志牌，标明危险等级，注明防范措施，并建立危险源档案，指定专人保管、定期整理。

⑥落实危险源控制管理的评价考核和奖惩制度。制定并量化危险源控制管理工作的考核标准，并定期严格考核，将奖惩制度与评先进、班组升级相结合，逐步提高管理要求，从而不断提高危险源控制管理水平。

⑦建立危险源分级管理体系。对于动态危险源，根据其变化快、情况复杂、难于控制等特点，应实行跟踪管理；对于特别危险、情况复杂的危险源，监理应安排专门人员进行定点跟踪，该人员有权在现场采取应急措施及停工观察；针对一般动态危险源，项目经理部应派人跟踪检查，安全部门可随时检查监督。

⑧对重大危险源应制定有针对性的应急预案。施工企业和项目经理部均应编制应急预案，企业应根据自身特点和承包工程的类型、共性特征、重大危险源的存在状况，编制在企业内部具有通用性和普遍指导意义的应急预案；项目部应按应急预案的基本要求，编制符合各个项目特点的、细化的应急预案，以指导施工现场的具体操作。

第四节 提高安全管理水平的措施

一、公路施工从业人员素质的提高措施

（一）配备足够的安全管理人员

首先，公路施工单位应该完善安全管理人员的配备，特别是专职安全管理人员的配备。施工单位应该引进一些具有专业技术、经验丰富的人员从事安全管理工作。若无法引进这样的专业人才，那么可在现有的从业人员里选一些专业技术过硬的人员接受专业的安全培训，以满足单位对专职安全管理人员的需求。

相关调查分析表明，公路施工单位现有的安全管理人员的学历整体上并不高，特别是职称结构不合理，大多数人员都集中在初级职称上。要改变这种局面，一方面要鼓励安全管理人员继续深造，另一方面则要完善安全管理人员的职称结构，提高中、高级职称人员的比例，同时，对已经从事安全管理工作的低学历、低职称的人员进行公路专业知识和安全技术知识的专业培训。

（二）组织针对性的技术技能培训

要想提高员工的素质，首先就要加强对员工的职业技术培训教育和安全教育，切实提高其安全生产意识和安全操作技能。同时，也要针对不同的工种，对员工进行不同的专业技术培训。另外，施工单位还要经常组织员工进行技术、经验等的交流，通过“传、帮、带”等方式提高员工的专业技能。

二、公路施工设施与设备管理的改善措施

（一）加强公路施工设施与设备的现场管理

一方面，相关人员要严格执行机械保养制度，避免过时保养，使机械保持良好的工作状态。对利用率高、易损坏、易出故障的设备应做好跟踪诊断，变事后修理为预防性修理。在机械出现异常现象时，工作人员应立即停机检查，并及时向上级汇报，以便单位能迅速组织维修人员进行现场抢修。同时，还要建立安全设备报废和更新制度，对已经不能满足安全生产需要的落后设备和已经超出使用年限不能再用的设备要及时更新。

另一方面，公路施工单位应在施工现场配备专人负责机械设备在施工面的使用和保养工作，使机械设备始终在完好状态下发挥最大效能。现场管理人员应负责监督检查操作人员是否按操作规程操作，故障是否能得到及时处理，设备是否得到充分利用，保养工作是否及时到位等一系列工作，以避免机械设备的非正常使用和不合理调派。现场管理人员还应具有一定的管理权，即在设备使用和保养问题上有奖罚权。

（二）提高工作人员的技能水平与业务能力

首先，针对设备管理干部，对其进行现代化设备管理方法的培训，提高他们的业务水平。其次，针对操作人员、维修人员定期或不定期地进行技术、业务培训，提高他们的技术水平。一般设备的操作人员应做到懂结构、懂原理、懂性能、懂用途，会使用、会保养、会排除一般故障。特种设备的操作人员必须经培训考试合格，得到“操作证”后方可上岗操作。维修人员必须接受技术培训，掌握设备的原理，能对设备进行预防性维修。此外，操作人员与维修人员必须报告设备运转及修理情况。

三、公路施工作业环境的改善措施

（一）预防生产性粉尘和噪声的危害

对于粉尘控制，首先，加强组织领导是做好防尘工作的关键。针对产生粉尘较多的施工段、施工期，建立粉尘监测制度，并配备专职测尘人员。其次，采用有效的技术措施，尽可能降低作业环境的粉尘浓度。例如，采用湿式作业法，它是一种经济易行的防止粉尘飞扬的有效措施。

对于噪声控制，首先应从工程控制方面来考虑，即在设备采购上，要考虑设备的低噪声、低振动。而在进行爆破作业时，工程控制则起不了太大作用，此时最好采用个人防护。

（二）加强施工人员的防暑降温工作

在夏季，应尽量缩短施工人员在高温下的作业时间，可采取小换班、增加工作休息次数，延长午休时间等方法。休息地点应设在通风阴凉处，并备有饮料、风扇、洗澡设备等。最好在休息室安装空调等设备。

同时也要加强个人防护，在高温下作业的施工人员应穿着不吸热、活动方便的工作服，并要佩戴工作帽、防护眼镜等。

（三）做好施工组织设计和施工前的准备工作

首先，做好施工组织设计，合理安排施工段的先后顺序。其次，做好施工前的准备工作，即开工前要认真审阅设计文件，详细了解各段的地质情况，对重要地段要重点勘察，进一步核对设计资料。发现设计文件中有错误或不妥之处，应及时上报业主。

（四）材料堆放要符合安全要求

施工现场材料的堆放需符合以下要求：施工现场工具、构件、材料的堆放必须按照总平面图规定的位置放置；各种材料、构件堆放必须按品种、分规格堆放，并设置明显标牌；各种物料堆放必须整齐，砂、石等材料成方，大型工具应一头见齐，钢筋、构件、钢模板应堆放整齐并用木方垫起；施工现场的垃圾也应分别类型集中堆放；易燃、易爆物品不能混放，除现场有集中存放处外，班组使用的零散的各种易燃、易爆物品，必须按有关规定存放。

四、公路施工组织管理水平改善措施

（一）建立健全公路施工安全责任制和安全生产保证体系

责任制是管理制度的核心，没有责任制，再完善的管理制度也不过是一纸空文。因此，要建立完善的公路施工安全责任制。而安全责任制要以制度的形式明确公路施工企业各级领导、各职能部门、各类从业人员在生产活动中应负的安全职责。同时，还要建立安全生产保证体系，具体来说，就是公路工程施工项目应根据具体情况，成立以项目经理为首的安全生产委员会或领导小组，全面负责安全管理工作。除此之外，还要根据公路工程的规模和特点，配备规定数量的安全管理人员，监督检查各类人员贯彻执行安全生产管理制度，并协助项目经理推动安全生产管理工作。

（二）明确各级安全管理人员的责任

各地要依法采取措施，分层次明确安全生产责任主体，逐级落实安全生产责任。要突出施工企业主体责任，特别要突出企业负责人、项目负责人的第一责任人的责任。要建立安全生产责任考核评价制度，构建有交通特点的安全生产防控体系。各地可结合国家和地方人民政府确定的安全生产控制指标要求，制定本地区安全生产控制指标。

安全生产责任制要明确各级安全管理人员的责任，首先成立以项目经理为施工安全的第一责任人，下设以项目经理为组长，以安全管理部门负责人为主要成员，由各管理部门负责人参加的施工安全领导小组。该小组负责监督安全施工，制定安全生产管理措施及方法，是工程施工安全的最高领导机构，有权处理一切违章施工行为。项目经理作为施工安全的第一责任人，应对公路工程项目施工过程中的劳动保护和安全生产工作负具体的领导和经济责任，领导并编制本项目安全生产管理的目标以及措施，建立安全生产保障体系，确定安全生产管理职能。安全管理部门负责人为施工安全的重要责任人，负责施工实施安全规章和落实全面的安保工作。专职安全员以各施工班组专业安全员为成员，具体负责日常的安全工作。检查施工现场的安全隐患，对不穿工作服、不戴安全帽上工地以及高空作业不系安全带等行为进行纠正和处罚，同时负责爆破、拆除等施工过程中人及设备的安全和防护工作。而兼职安全员的责任不容忽视，负责具体落实分部工程、各工序的安全检查和督促工作，把安全隐患消除在萌芽状态。

（三）提高企业安全教育培训质量

安全教育培训是企业安全管理工作的重要组成部分，是企业安全管理系统工程中极为重要的一个子系统。对员工进行安全教育培训是企业保证安全生产，提高员工安全防范意识和能力的重要措施。而安全教育就其本身来说，是以企业实现安全生产为最终目标，按照一定的程序和要求对企业每个岗位员工的心理及日常行为加以规范和影响的系列活动。当前，随着我国产业水平的不断提高，企业的整体装备水平也在不断提高，由此也对安全教育这项理论化、系统化的工作提出了新的要求。所以，安全教育工作的创新，是安全管理工作者亟待解决的课题。

从对企业的安全教育现状的调查分析可知，公路施工企业安全教育质量并不高，培训的内容没有针对性。针对这些问题，笔者提出了以下五项措施。

1.实行安全教育培训责任制

想要提高企业安全教育培训质量，实行安全教育培训责任制是非常重要的。首先，要明确施工现场各级教育培训的责任，并加强对责任主体的监督和考核；其次，确立安全教育培训的实施责任人，同时要注意培养责任人的职业素养和责任感；最后，明确接受安全教育的主体，即施工现场全体人员。

2.制定安全教育培训的原则

（1）“三步骤”原则

施工安全教育培训可分为安全生产思想教育培训、安全知识教育培训、安全技能教育培训三个步骤。安全生产思想教育，即通过安全生产思想和方针政策的教育，提高各级领导、管理干部和广大职工的思想水平，使其严肃认真地执行安全生产方针、政策、法律。安全知识教育就是对企业的基本生产概况、施工工艺、机械设备、高处作业、脚手架工程、模板工程、临时用电工程、文明施工、消防器材应用等安全基本知识的学习。安全技能教育是结合公路施工专业特点，进行安全操作、安全防护所必须具备的基本技术的教育。

（2）经常性原则

当今是新知识、新材料、新技术在各行业应用速度极快的时代，不断更新思想、更新观念、更新知识、更新技术是各行各业生存发展的需要，不更新就意味着倒退，就意味着被淘汰。因此，企业要想与时俱进，就要经常开展员工培训，还要把经常性的安全教育培训贯穿于企业员工工作的全过程，贯穿于每个工程施工的全过程，贯穿于公路施工单位生产活动的全过程。

（3）广泛性原则

所谓广泛性，就是说施工单位在进行安全教育时要保证每一名从业人员都能受到教育。要做到这一点，首先，要抓好对企业管理者、领导者的安全教育，提高企业管理者的安全意识和安全素养。其次，建立覆盖企业全体人员的安全教育培训体系，即公路施工单位所有从事生产活动的人员，从企业经理、项目经理，到一般管理人员及一线作业人员，都必须严格接受安全教育，加强全员、全过程、全方位的安全管理。

（4）理论联系实际的原则

进行安全教育最终目的是对事故的防范，因此，安全教育培训工作要密切结合公路施工实际情况，保证其能真正服务于安全生产这个中心，使其为安全生产提供智力支持和思想保证。

（5）大众化原则

公路施工人员大多数是农民工，他们的文化水平通常不高。如果培训人员用很专业的语言对他们进行培训，那么他们很可能听不懂，最终失去兴趣，对培训产生抵触情绪。因此，安全教育培训工作要做到“通俗易懂”，尽量用浅显的语言和大众易接受的方式进行教育。

（6）创新性原则

敢于创新，就是要做到积极探索，开拓进取，不断探索安全教育培训的新思路、新方法。在与时俱进的同时，更要坚持“发展就是硬道理”，以保持创新的连续性和持久性。

3.明确安全教育培训的内容

进行培训时，应根据参加培训的员工的工种、岗位，选取合适的安全培训教育内容。要想选取合适的安全培训教育内容，需遵循以下两个原则。

（1）安全培训教育的内容要适应员工的需求

首先，要适应各层次的需求，包括组织的需求、岗位的需求、员工的需求。比如说，隧道施工和桥梁施工两个不同的岗位需要注意的安全隐患大不相同。其次，适应不同时期的需求，包括目前的急需和中长期发展的需求。例如，因季节或气温变化而产生的新的不安全因素。在施工现场，雨季施工和高温条件下施工的安全隐患危害程度要远远大于平时。

（2）安全培训的内容要有超前性

培训内容不但要体现针对性，还要具备超前性，即所选内容，无论知识还是技能，都要站在当今科技发展、管理运作的前沿领域。所以，安全培训的内容要针对不同的工种，不同的从业人员需要不同的培训内容。

4.改善安全教育培训的方法

传统的安全教育培训主要是采用理性灌输法，这是用得最多的一种教育方法。教育者通常从理性角度向受教育者传授安全理论和方法，引导其理解国家安全生产方针、法律法规和政策，以及企业的安全生产规章制度等，掌握预防、改善和控制危险的手段和方法。这种教育方法虽然具有系统性、理论性的优点，但是会让人感觉到枯燥乏味，无法调动受教育者的积极性。因此，笔者提出以下几种安全教育培训的方法以供选择。

（1）互动、交流式的感性教育法

采用互动式教学，能置教和学于研究探讨的氛围中，不同的人对同一问题有不同的看法，而开放、互动的方式有助于参与者畅谈自己的想法，同大家一起探讨，听取别人的经验和体会，互相启发，相互学习。整个学习氛围十分轻松，参与培训的员工可以相互交流、探讨自己遇到的难题。该方法的优点主要就是能够充分调动员工的积极性，让员工充分发表自己的见解，有利于深化主题，提高大家对某一问题认识程度，最后再由培训人员进行归纳和总结，以便达到更好的培训效果。

（2）理性灌输法和案例培训法相结合

案例培训法是用一定的视听媒介，如文字、图片、视频等，将客观存在的情景通过多媒体等展现出来。培训人员把历史上发生过的公路施工事故进行分类整理，并把各种事故发生的原因，以及如何防范，发生事故后如何处理等内容一一列出，能够使培训内容更加形象直观、通俗易懂，从而使参训员工记忆深刻。但它也有不足之处——所展示的案例数量有限。因此，可采用理性灌输法和案例培训法相结合的办法，这样既避免了理性灌输法的枯燥乏味，又能使员工学到更多的安全知识，也弥补了案例涉及的安全知识不能满足现实需要的不足。

（3）直观教学法

直观教学法实际上就是通过现场、实物或模拟演示（练）迅速吸引参训员工的注意力，使他们有一种身临其境的感觉。这种培训方法可以最大限度地激发员工的学习兴趣，提高员工接受培训的积极性和主动性，从而达到最佳的培训效果。其具有以下特点：一是直观形象，解决了培训内容抽象、空洞的问题，寓教于乐，使员工容易掌握学习内容；二是有针对性，可以根据工作或生产实际情况，突出组织某一个方面的培训，还可以灵活选择培训项目；三是实用性强，能使参训员工加深认识，特别是能弥补部分参训员工文化水平低的不足。

安全教育培训的方法是多种多样的，每种方法都有其优缺点，施工单位可以根据实际情况选择适合的安全教育培训方法，也可在以往方法的基础上发展、创新。

5.建立健全的安全培训效果监督及反馈机制

一方面，安全培训的最终目的是提高从业人员的安全素质，使从业人员能够在实际工作中安全生产。另一方面，从调研的情况来看，一部分从业人员在工作中只关心行为的经济考核而不关心行为的安全后果。因此，要建立健全的安全培训效果监督及反馈机制。

（四）提高企业的安全文化水平

安全文化是人们安全价值观、思维方式和行为规范的总和，是以安全价值观为核心的人们的内在安全素质及其外在表现。

目前施工现场的实际情况是：许多施工人员存在不安全行为，大量不安全行为的结果必然导致事故发生。在安全管理上，时时、处处、事事监督施工现场每一位施工人员遵章守纪是一件十分困难的事情，甚至是不可能的事，这必然会带来安全管理上的漏洞。建设安全文化可弥补安全管理手段的不足。因此，要提高企业的安全管理水平就要建设企业安全文化，而建设安全文化之前，需了解建设安全文化的原则和主要措施。

1.建设安全文化的原则

任何施工单位都要面对安全生产工作，需要对安全生产都有一定的认识和保证措施。因此，施工单位安全文化没有“有”和“没有”之分，只有“优”和“劣”之分。但是，良好的施工单位安全文化不是自然而然得来的，而是需要其有目的地地去建设，而且，建设安全文化是一个过程，在这个过程中必须遵循一些原则。

（1）安全第一、预防为主、遵章守纪

施工单位的安全文化体现在单位员工的安全价值观念、思维方式和行为规范上。安全价值观念和思维方式是全体员工内在安全文化素质的主要内容，行为规范是全体员工安全文化素质外在表现的主要内容。施工单位有必要将安全第一的安全价值观念、预防为主的思维方式，以及遵章守纪的行为规范作为安全文化建设的主要内容。

（2）实事求是，注重实效

安全文化建设是一个从低级向高级循序渐进的发展过程。一般来说，首先应加强施工单位行为规范的建设，其次是强化施工单位安全文化物质系统的建设，最后是使员工形成安全价值的观念。施工单位的安全价值观一旦形成并被全体员工接受，即具有一定的稳定性，安全生产就有了核心的指导思想。将施工单位安全文化建设分为若干阶段，提出每个阶段的目标、任务、内容和对策措施，体现了实事求是、注重实效的原则。

（3）全员参与，通力协作

施工单位的安全文化是全体员工安全价值观念、思维方式、行为规范的总和，施工单位领导的观念和行为只是榜样的作用，构建施工单位安全文化需要全体员工的积极参与。没有员工的参与或者员工参与意愿不强烈，就不能被认为是良好的安全文化。

通力协作则要求各部门将安全文化建设摆在议事日程上，各负其责，并相互沟通。

（4）坚持继承和变革

任何一个企业都不可能割断其自身的文化传统，都必须在继承的基础上发展。因此，施工单位应在其安全文化建设中理性地分析、归纳、总结自身安全生产工作的精华，将其纳入安全文化建设规划的内容，并付诸实施，使其在新的安全文化体系中获得新的生命力。在施工单位安全文化建设中，继承和变革不是可以分开的两个独立部分，也不是有先后顺序的“两步走”，而是在内容上相互交叉、交融，在时间上同步进行的。通过继承与变革，施工单位安全文化体系将更完整和更有活力。

2.建设安全文化的主要措施

（1）营造施工单位安全文化氛围

营造施工单位安全文化氛围是一项涉及面很广、持续时间很长、业务量很大的任务。

首先，要树立“以人为本”的安全文化理念。现代施工单位的安全文化涉及全体员工的安全素质，是建立在“以人为本”的理念上的。由于安全文化对人的影响是多层次的，因此不可能在短期内产生明显的、根本的效果，只有通过各种手段对人进行熏陶、培养和塑造，才能形成一种安全文化的氛围，促使人的安全意识产生质的飞跃。

其次，安全文化氛围的营造要结合公路施工单位的实际，公路施工单位都有行业的共同特性，安全文化氛围的营造策略途径、方法均可以相互借鉴。但是，每个施工单位都有其自身的实际情况，必须从自身的实际情况出发，使营造的安全文化氛围完全切合本单位的实际。一方面，要符合施工安全工作的实际需求，不要凭空臆造。另一方面，要结合本单位的优良传统和习惯，不良的传统和习惯需要逐渐改进。

最后，安全氛围的营造需要大力宣传。施工单位可以利用信息简报、展窗等方式，向员工普及安全知识，使员工耳濡目染，帮助他们建立生产过程中的安全意识，培养他们安全生产的良好习惯，使安全观念深入人心。

（2）将安全文化融入施工单位总体文化和各项工作中

首先，安全文化是施工单位总体文化的重要组成部分。安全文化必须融于施工单位总体文化，没有施工单位总体文化的发展，其安全文化也就没有了根基。而安全意识又是安全文化的基础，因此必须加强对施工单位员工的安全素质教育，强化员工的安全意识，全面提高员工的思想素质和文化素质。

其次，安全文化建设必须融入施工单位的各项工作中。在施工单位的总体理念、生产目标、总体规划、岗位责任制的制定、施工过程控制，以及监督反馈等方面融入安全文化的内容。

新形势下，我国公路建设市场的竞争越来越激烈，对公路工程施工项目管理的要求也越来越高。公路工程施工企业要在其管理理念、组织机构、管理技术和管理模式方面进行创新，促进企业健康、可持续发展。

第八章　公路工程施工项目风险管理

第一节　项目风险管理概述

风险是公路工程项目中的不可靠因素，会造成公路工程项目实施中工期延长、成本增加、计划修改等一些问题，严重的甚至会导致项目失败。我国的许多公路工程项目中，由于风险防范不当造成的损失是触目惊心的。施工单位只有对风险进行有效的控制，才能获得较高的经济效益，同时有助于提高自身的竞争能力、综合素质和管理水平。

一、项目风险及风险管理的概念

由于工程项目的目标、设计和计划都是基于对将来情况的预测，基于正常、理想的技术、管理和组织条件之上进行的，而在项目实施以及运行过程中，这些因素都有可能发生变化，在各个方面都存在不确定性。这些变化会使得原定的计划、方案受到干扰，使原定的目标不能实现。这些事先不能确定的内部和外部的干扰因素，称为项目中的风险。

项目风险管理是指通过对于项目风险识别和风险度量等工作去发现项目风险，以此为基础，通过运用各种项目风险应对措施和管理方法对项目风险实行有效控制，以及妥善地处理项目风险事件所造成的有利和不利结果，以确保项目总体目标的全面实现的专项管理工作。

二、项目风险的特点

（一）客观性与必然性

公路工程项目建设中存在着一些人力无法改变的现实，不光是地震和地质滑坡等自然情况，还有与建设项目紧密相关的施工方案、施工技术等一些风险损失。这些情况的存在与发生，也是一种必然现象，说明项目风险的发生也是客观、必然的。

（二）发生的不确定性

风险的发生是由危险要素和承灾体的脆弱性共同决定的。只有危险要素的存在，而承灾体具有非常强的抵抗能力，风险就不会发生。例如，虽然面临百年一遇的洪水，但洪水流经的河道、堤坝都提前进行了修整和加固，这样风险就不会演变成具有损害性的突发事件。同时，不确定性还表现在风险发生的时间、地点、环境、表现形式、危害程度，以及是单一风险还是多种风险并存等方面。也就是说，风险发生的不确定性是各种复杂因素交织在一起，共同发挥作用的结果。正因为如此，我们更要对风险进行全面的认知和综合研判，才能尽可能预防风险的发生和尽可能降低风险对社会的损害程度。

（三）可变性

风险无处不在，但人类对风险的认知仍然处于相对较低的水平。很多风险并不为人所知，现代科技的快速发展和人们交往活动的日益密切，又会产生新的风险，这又加大了风险对人类社会造成损害的可能性。同时，由于其发生机理的复杂性，风险从始至终都处于不断变化的过程之中，人们很难根据经验对其发展趋势作出比较精准的判断，这就更增加了人们对风险认知的难度。人类社会就是与风险相伴而生的。

三、项目风险管理的内容

（一）风险识别

风险识别是指确定风险的来源和类别，研究风险事件是否会对项目产生影响。只有对项目过程中的各种风险因素全面了解，才能对项目风险进行正确识别，对识别出的各种风险进行评估，确定风险的具体影响。在风险识别过程中，应不断积累经验，以提高风险识别的准确性。

（二）风险评估

风险评估是在项目风险识别的基础上，对项目风险发生的条件、概率及风险事件对项目的影响进行分析，并评估它们对项目目标的影响，按它们对项目目标的影响顺序排列。在估测出项目风险的损失概率和损失幅度后，要根据安全指标的标准来衡量风险的大小，以便对项目风险进行确切的评价。

（三）风险应对

风险应对是根据风险评估结果，综合考虑项目的目标、规模和可接受的风险大小，以一定的方法和原则为指导，编制风险应对计划，制定一些程序和技术手段，以降低风险发生的概率和风险事故发生带来的不良影响，提高项目目标实现的概率和减少风险的威胁。风险应对的措施有很多，根据损失大小和风险发生概率的大小，可以采取避免风险、转移风险、降低风险等措施。

（四）风险控制

风险控制是指在项目的整个生命周期进行风险预警。例如，在风险发生时，实施风险降低的计划，保证对策、措施的应用性和有效性，监控残余风险，识别新的风险，更新风险计划，以及评估这些工作的有效性等。

四、公路施工单位面临的风险因素

公路工程建设是一项复杂的系统工程，风险是公路工程施工单位难以预料的随机事件，风险的发生会给施工单位带来难以估计的损失。公路工程建设中之所以会出现风险，主要是由于在施工过程中有现实存在的影响因素。风险因素是指能产生或增加损失概率和损失程度的条件，是风险事件发生的潜在原因，是造成单位损失的内在或间接原因。只有认真分析研究，并采取相应措施，才能合理规避及转移风险，从而做到有效地控制工程风险。公路施工单位面临的主要风险因素如下。

（一）成本风险

首先，公路施工单位面临的是报价风险。随着公路工程市场竞争逐渐激烈，施工单位为了获得更多的发展空间，在项目投标时会竞相压价，往往导致最终只能以微利承包工程。此外，业主在发包时一般需要签订固定价合同，如果施工单位在具体的项目承包过程中有管理不规范的地方，就很可能亏本经营。

其次，成本风险表现为资金风险，在公路工程项目中，对于施工单位来说，拖欠工程款是其无法避免而又不得不面对的一个重大风险因素，这在本质上也是业主将项目投资成本以及投资风险转嫁给实际施工单位的一种市场行为。大多数施工单位都在不同程度上承受了巨大的财务风险。

最后，成本风险体现在运营成本风险上，公路项目施工建设一般需要用到比较先进的大型设备，如大跨度架桥机等，而这些机械设备成本较高，如果企业花巨资购买了相关机械而最终又没有中标，那么施工企业就要承担机械设备闲置浪费的风险。

（二）施工工期风险

施工工期风险具体表现为公路工程局部或者整个工程工期的延长，这也会导致建设项目不能按期及时投入使用。具体来说，影响施工工期风险的原因主要有三点：一是与工程实施直接关联单位造成的。例如，由于业主不能提供正常作业面、未按时支付、设计变更、图纸延误等原因引起的工期延误。事实上，在具体施工过程中，只要与公路工程项目建设有关的单位，其自身工作进度的拖后都会对工程进度产生很大的影响。二是施工单位自身造成的。例如，来自承包商人员组织机构变动、机械故障、材料不合格、资金短缺、分包方违约等问题造成的工期延误的风险。三是来自路政、水政、交警等行政管理部门的越权干预，以及地方村民肆意阻挠等第三方干扰造成的工期延误的风险。

（三）质量风险

质量风险主要是指建设材料、施工工艺、工程流程等不能通过验收，最终工程验收不合格，或者工程质量未达到一定的标准和要求等。公路工程施工过程中的质量风险主要表现为：施工人员不按工艺要求施工产生的质量风险；质检人员未按规定的频率及方法检测产生的质量风险；在机械出现故障时不及时修理，使其“带病作业”产生的质量风险；使用不达标或有瑕疵的材料产生的质量风险，如混凝土配合比不标准、掺量不符合相关要求等；达不到规定作业的环境要求，一味抢工期产生的质量风险；没有进行有效的成品保护，二次破坏产生的质量风险等。

（四）安全风险

安全风险主要指在公路工程项目施工的过程中，发生人员伤亡或者因设备损坏而引起的损失。公路工程项目常常因施工人员复杂，工程工期紧，作业环境差，施工过程危险源多，作业人员的安全意识偏低等而存在较多的安全风险。

例如，施工过程中的人员、机械、材料都有来自安全方面的风险；工程项目资金（财务）安全的风险；因环境污染而面对行政管理、经济处罚的风险；工程项目所在地社会治安环境恶劣的风险。

在施工过程中，安全事故的发生往往会使整个公路工程项目产生难以估量的经济损失，与此同时，施工单位保证施工过程的安全也会直接关系到整个施工项目的经济效益与企业的外在形象。所以，安全问题是项目施工中常抓不懈的永恒问题。安全风险因素对于公路工程项目整体风险管理十分重要，在施工过程中控制好人的不安全行为和物的不安全状态在时空上的交叉是预防事故发生的关键所在。

（五）其他风险

其他风险主要表现为：业主或者承包单位资信等级比较低，不能及时获得所需要的银行贷款；承包商信誉差，对公路工程项目中出现的质量事故采取逃避的方式，故意推卸责任的信誉风险；业主故意拖延不结算的风险；业主滥用权利，施行罚款或扣款，使承包商的实际利益受损的风险；业主苛刻刁难承包商，借故不予以顺利验收的风险；其他的规划、法律责任风险，环境风险等。

五、风险管理中存在的问题

（一）风险防范意识不强

目前，我国许多公路工程施工单位的一些管理者风险意识不强，对具体项目风险管理的重要性认识不足，也缺乏比较明确的风险管理目标。与此同时，部分施工单位内部对风险管理的概念依然模糊，在整体项目管理中缺乏完善的风险防范管理体系。

（二）风险管理机制不健全

许多公路工程施工单位在日常的施工规范中，没有对工程项目中遇到的各种风险进行必要的识别，也没有制定与之相对应的风险防范措施。在施工工程项目部的组织结构设置上，许多施工单位并没有充分考虑到风险管理部门的职能，缺乏必要的风险管理人员来履行风险管理职责。此外，在项目工程运作流程上，当前很多施工单位没有形成有效的风险管理流程，当公路施工项目遭遇风险的时候，施工单位抵御并化解风险的能力还比较差，这在一定程度上也增加了组织机构的运行风险。

（三）风险管理信息系统不完善

现阶段，一些公路工程施工单位在风险管理的过程中缺少必要的管理手段，大多数施工单位还没有建立起完善的风险管理信息系统。这些施工单位在项目投标前的可行性分析不够，对项目潜在的风险估计不足，因而在风险到来时也不能及时、有效地做出反应。

六、风险管理制度体系的建立

公路工程施工单位应建立风险管理制度体系，明确各层次管理人员的风险管理责任，减少在项目实施过程中的不确定因素对项目的影响。建立风险管理制度的核心，就是针对公路工程建设领域中存在的突出问题（如招投标行为不规范、合同履约率低、拖欠工程款严重、工程质量安全问题突出等），参照国际惯例，尽快建立起符合我国国情的工程担保和工程保险制度。

（一）投标信用担保制度

投标信用担保是担保人为保障投标人正当从事投标活动而做出的一种承

诺。投标信用担保制度目前已在一些工程上实行，关键是要完善制度，规范操作，具体方式可由招标人在招标文件中规定。

（二）履约信用担保制度

履约担保是担保人为保障承包人履行承包合同而做出的一种承诺。履约担保可以采用银行保函或担保公司担保书、履约保证金的方式，也可以引入承包商的同业担保，即由实力强、信誉好的承包商为其他承包商提供履约担保。对于履约担保，如果是非业主的原因，承包商没能履行合同义务，则担保人应承担其担保责任，具体表现为：一是向该承包商提供资金、设备、技术援助，使其能继续履行合同义务；二是直接接管该工程或另觅经业主同意的其他承包商，负责完成合同的剩余部分，业主只按原合同支付工程款；三是按合同约定，对业主蒙受的损失进行补偿。

（三）预付款信用担保制度

预付款担保是指业主预先支付一定数额的工程款以供承包人周转使用，为了保证承包人将这些款项用于工程建设和业主的资金安全，而建立的信用担保制度。根据建筑施工企业现状，参照西方发达国家的常见做法，可按下列办法实行预付款信用担保制度：承包人在取得业主提供的工程预付款时，需向业主提供与预付款额相同的银行保函。预付款保证金按合同价的10%～30%，并与合同确定的预付款比例相同。对承包人来说，在已定的比例区间内，由银行提供的保函金额越大，预付款额度就可相应增大；反之则减少。若承包人不能提供预付款保函，业主可以取消预付款。

采用这种办法，既可以有效保障业主的合法权益，又可对施工单位提高资本有机构成形成一种激励机制，促使其合理配置资金，增强其活力，逐步改变其经营机制，为其更好地参与市场竞争奠定经济基础。随着业主按照工程进度支付工程款并逐步扣回预付款，预付款担保责任随之逐渐降低，直至最终消失。

（四）业主支付信用担保制度

业主支付担保是指业主通过担保人为其提供担保，保证业主按照合同规定的支付条件，如期将工程款支付给承包人。如果业主不按合同支付工程款，那么将由担保人代向承包人履行支付责任。业主支付担保，实质上是业主的履约担保，因此，应当与承包商履约担保对等实行，即业主要求承包商提供履约担保的，也应同时向承包商提供支付担保。

根据公路工程建设领域现状，业主支付担保宜采用以下办法：业主在进行招标时应出具项目资信证明，在正式签订工程合同时需按合同价款提供银行保函。其担保责任随着业主按照工程进度支付工程款至工程竣工结算结清尾款，而逐渐降低直至消失。施工中，业主因提高标准或扩大规模等需要增加工程造价，在提出设计更改时，应提供相应额度的补充银行保函。建立业主支付信用担保制度，对于规范市场交易行为，有效防止业主拖欠工程款，保障工程建设的顺利完成，具有重要的制约作用。

总之，风险管理制度在我国的落实与推广需要一个循序渐进的过程，目前应加强政策引导和宣传，完善各项规章制度和法律规范，努力培育实力雄厚的担保人市场和保险中介咨询市场，并以此为基础，最终形成具有中国特色的公路工程建设风险管理制度体系。

第二节　风险识别

对于承包商来说，公路工程项目在整个运作的过程中，尤其是施工阶段，存在着大量风险。这些风险如果不给予重视或处理不当，那么将会给承包商带来巨大的损失。因此，承包商为避免或减少经济损失，在施工之前，有必要对公路工程项目风险管理进行研究。

一、风险识别的含义

公路工程项目风险识别是公路工程项目风险分析的第一步，它是公路工程项目风险分析的基础。公路工程项目风险识别是指找出公路工程项目中存在的风险，分析风险产生的原因和风险对公路工程项目的影响，并将找出的风险分类归档的过程。由于风险具有可变性，因此风险识别工作是一项系统性、连续性、制度性的工作。风险识别是风险管理过程中最基本和最重要的过程，它是风险评估的基础，也是选择风险处理策略的基础。风险识别工作进行得是否全面、深刻，将直接影响到整个风险管理工作的最终效果。

感知风险和分析风险是风险识别的基本内容。前者是通过调查了解，识别风险的存在；后者是通过归类分析，掌握风险产生的原因、条件，鉴别风险的性质和了解风险产生的影响。风险识别不仅要识别所面临的风险，更重要的，也是最困难的，是识别各种潜在的风险。

二、风险识别的过程

（一）收集数据和信息资料

公路工程施工项目的风险不是孤立的，它和公路工程施工项目的数据和信息总是有着或多或少、直接或间接的联系，通过分析公路工程施工项目的数据和信息资料可以识别公路工程施工项目中存在的一些风险。因此，公路工程施工项目的数据和信息资料是公路工程施工项目风险识别的基础，公路工程施工项目风险识别应注重公路工程施工项目数据和信息资料的收集。一般来说，公路工程施工项目风险识别应注意下列几方面数据和信息资料的收集。

1.项目环境方面的数据和信息资料

项目环境包括自然环境和社会环境，自然环境的气象、水文、地质，社会环境的政治、经济、文化等方面的变化对公路工程项目施工具有重要影响，会给公路工程施工项目目标的实现带来威胁。

2.过去或类似项目的有关数据和信息资料

过去或类似项目的有关数据和信息资料对公路工程施工项目风险识别具有重要的借鉴意义，分析这些公路工程施工项目中发生的风险事件，就可能发现当前公路工程施工项目中存在的风险。

3.项目的设计、施工文件

项目的设计文件规定了公路工程的结构布置、形式、尺寸，以及采用的建筑材料、规程规范和质量标准等；项目的施工文件确定了公路工程的施工方案、质量控制要求和公路工程的验收标准等。因某些原因导致这些内容的改变均可能产生风险。

4.项目的前提、假设和制约因素

项目建议书、可行性研究和设计文件等一般是在若干前提和假设的基础上做出来的，这些前提和假设在公路工程项目施工阶段可能成立，也可能不成立。如果这些前提和假设不成立，那么就可能给公路工程施工项目带来风险。公路工程施工项目总是受着各种制约因素的制约（如法律、法规等），这些制约因素严重影响了公路工程施工项目目标的实现，使其经常面临着进度、费用等风险的威胁。

（二）分析资料、找出风险

在收集相关的数据和信息资料后，就要着手分析这些资料。分析这些资料，可以找出公路工程施工项目中存在的大部分风险。此外，还需对公路工程施工项目进行不确定分析，这些不确定性分析包括不同目标的不确定性分析、工程结构的不确定性分析、施工环境的不确定性分析等。进行不确定性分析，能够找出公路工程施工项目中存在的不确定性因素，这些不确定性因素是引发风险的直接或间接原因，找出了不确定性因素，就相当于找出了公路工程施工项目的风险。

（三）确认并归类

在初步找出公路工程施工项目存在的风险后，就要对这些风险进行分析确认，看看是否有重复或遗漏的风险。如果确认无误后，就要对这些风险进行分类归档，以方便进行风险管理。

（四）风险识别报告

公路工程施工项目风险识别报告是公路工程施工项目风险识别的总结，它通常包括如下内容。

1.已识别的项目风险

该结果经常以风险清单的形式出现，通过风险清单，将公路工程施工项目所面临的风险汇总，并按类进行排列。

2.潜在的项目风险

潜在的项目风险是指尚没有迹象表明将会发生的风险，是人们主观判断的风险。

3.项目风险的征兆

项目风险的征兆是指公路工程施工项目风险发展变化的可能趋向。

三、风险识别的方法

公路工程施工项目风险识别的方法很多，从不同的角度出发有不同的风险识别方法。一般来说，常用的公路工程施工项目风险识别方法有以下几种。

（一）核查表法

人们考虑问题有联想的习惯，在过去经验的启示下，思维常常变得异常活跃。如果把以前的或类似的公路工程施工项目发生的风险事件及其原因、后果等罗列出来，写成一张核查表，那么项目风险管理者就容易开阔思路，想到当前公路工程施工项目会存在哪些风险。核查表可以包含多种内容，例如，以前公路工程施工项目成功或失败的原因，项目成本、质量、进度等方面规划的结果，公路工程施工项目管理者的技能要求等。除了这些内容，还可以到保险公司索取资料，认真研究其中的保险例外，这些例外能够提醒项目风险管理者还有哪些风险尚未考虑到。

（二）专家调查法

专家调查法是指利用风险专家在其研究领域的理论与实践优势，通过征求风险专家对公路工程施工项目风险的意见，找出公路工程施工项目中存在的风险，并对风险进行初步分析的风险识别方法。专家调查法的优点是在缺乏足够统计数据和原始资料的情况下，可以进行定量的估计；缺点是容易受人为因素的影响。头脑风暴法和德尔斐法是其中具有代表性的两种方法。

1.头脑风暴法

头脑风暴法是一种创造性的思维方法，它试图让参与者提出尽可能多的观点，是一个创造性解决问题的风险识别方法。该方法是根据公路工程施工项目风险识别的目的和要求，邀请数十位风险专家组成专家小组，通过会议的形式，采用民主的方式，让风险专家们畅所欲言，最后综合风险专家意见，做出判断，得出结论。

2.德尔斐法

德尔斐法是一种集中众人智慧的风险识别方法，该方法通过通信或会议的形式征询风险专家的意见，风险专家们彼此匿名，征询分多轮进行，每一轮都要把风险专家意见汇总整理，然后作为参考资料发给各位风险专家，供他们分析判断，提出新的论证，如此反复多次，风险专家们的意见渐趋一致，最后得出结论。

（三）分解分析法

分解分析法是指将大系统分解成小系统，将复杂的事物分解成简单的、容易被关注和操作的事物，从而识别大系统和复杂事物风险的风险识别方法。对于一个公路工程施工项目来说，很难从整体上找出存在的风险，而通过将公路工程施工项目层层分解，原本深藏在项目内部的风险就会逐渐暴露出来，这样就可以比较容易地找出公路工程施工项目风险。在采用分解分析法对公路工程施工项目风险进行识别时，可以按照公路工程施工项目的结构将公路工程施工项目分解为单项工程、单位工程、分部工程和分项工程，然后从最小单位开始，逐步找出公路工程施工项目中存在的风险。

（四）敏感性分析法

敏感性分析法研究的内容是在公路工程施工项目寿命期内，当公路工程项目指标（如材料价格、变动成本等），以及公路工程项目的各种前提与假设发生变化时，公路工程项目的性能（如现金流的净现值、内部收益率等）会出现怎样的变化以及变化程度如何。敏感性分析法能够回答哪些项目变数或前提与假设的变化对公路工程施工项目的性能影响最大。这样，项目风险管理者就能根据敏感性分析找出公路工程施工项目变数，或前提与假设中存在的风险。

（五）现场调查法

到目前为止，研究的公路工程施工项目风险识别的方法都是在室内完成的，通过这些方法，项目风险管理者可以发现大多数公路工程施工项目风险。然而，有些风险是在室内发现不了的，因为这些风险和公路工程施工项目实际所处的环境和施工状况有着密切的联系，只有亲自到公路工程现场进行调查，才可能发现这些风险。此外，通过亲自到公路工程现场进行调查，项目风险管理者有机会与第一线的施工人员进行交流，听取他们对公路工程施工项目风险的意见。

公路工程施工项目风险识别除了上述方法，还有风险清单法、环境分析法、安全检查表法、投入产出分析法、实验或试验结果法等。这些风险识别方法各有自己的优缺点，相关人员在实际使用中应该注意取长补短、综合利用。

四、风险识别表

公路工程施工项目风险识别表是指逐一列出公路工程施工项目中所有可能存在的风险的表格。编制风险识别表，对公路工程施工项目风险识别具有重要意义。通过风险识别表，项目风险管理者能够对公路工程施工项目中可能存在的风险有一个总体的认识，并且能够结合当前公路工程施工项目的具体情况，很容易地找出存在的风险。

公路工程施工项目风险识别应该从不同的角度和不同的方位进行，即应该对公路工程施工项目风险形成透视，这样，项目风险管理者才能准确和全面地找出公路工程施工项目中存在的风险。公路工程施工项目风险识别表如表 8-1 所列。

表 8-1　公路工程施工项目风险识别表

风险名称		风险原因
项目环境要素风险	政治风险	政局不稳定性，战争状态、动乱、政变的可能性，国家的对外关系，政府信用和政府廉洁程度，政策及政策的稳定性，经济的开放程度或排外性，国有化的可能性，国内的民族矛盾、保护主义倾向
	法律风险	法律不健全，有法不依、执法不严，相关法律的内容的变化，法律对项目的干预，对相关法律未能全面、正确理解，工程中有触犯法律的行为

续表

项目环境要素风险	经济风险	国家经济政策的变化，产业结构的调整，银根紧缩；项目产品的市场变化，项目的工程承包市场、材料供应市场、劳动力市场的变动；工资提高，物价上涨，通货膨胀速度加快；原材料需要进口，外汇汇率的变化
	自然环境风险	1. 地理环境风险：泥石流、河塘、垃圾场、流沙、泉眼、地下水等。2. 自然灾害风险：地震、洪水、暴雨、火山喷发、龙卷风等。3. 气候条件风险：特殊的、反常的、恶劣的雨、雪天气，冰冻天气
	社会文化风险	宗教信仰的影响和冲击，社会治安的稳定性，社会禁忌，社会风气，社会舆论导向，劳动者的文化素质，传统价值观念
项目系统结构风险	路基土石方风险	特殊路基，深挖高填路基，石方爆破，土石混填
	路面风险	路面材料质量不合格，机械设备故障，施工人员素质低
	桥梁风险	混凝土发生裂缝，测量控制不好
	排水与涵洞风险	回填不好，基底处理不当
	防护风险	滑坡抗滑桩施工不好，膨胀土边坡坡面处理不好，喷锚混凝土施工不好
	技术风险	应用新技术、新工艺方法困难或失败，施工技术和方案不合理，场地沉降或地基移动对周围建筑物产生影响，临时设施的设计和施工的失误，施工工艺落后，现场进度计划不合理，行政和外界对施工方案和技术的干扰，承包商对技术文件、工程说明和规范理解不正确，外文条款翻译与理解不正确
	现场条件风险	不充分的现场调查，征地、拆迁拖延，地质资料不充分，不可预见的地下问题，“三通一平”拖延，不稳定的供水供电，通水不畅

续表

<table>
<tr><th colspan="2">风险名称</th><th>风险原因</th></tr>
<tr><td rowspan="3">项目系统结构风险</td><td>机械设备风险</td><td>施工设备供应或进场拖延，施工设备类型不配套或不合格，施工设备生产效率低，施工设备备料和燃料不足，施工机械故障，施工设备安装或调试失败，设备维修保养不当或超负荷</td></tr>
<tr><td>材料风险</td><td>原材料和成品、半成品供应不足，原材料和成品、半成品数量差异，原材料和成品质量与规格不合格，运输、储存和施工中的损耗，特殊材料和新材料的使用问题，失窃事故的发生</td></tr>
<tr><td>人员风险</td><td>一般工人、技术人员、管理者的素质不高；监理和承包商不合作；人身意外事故，关键人员损失；工作人员罢工、抗议或软抵抗</td></tr>
<tr><td rowspan="2">项目主体风险</td><td>业主风险</td><td>业主违约、苛求、刁难、随便改变主意，但又不赔偿；错误的行为和指令，非程序地干预工程；业主不能完成合同责任；业主提供的招标要求不清楚，设计基础资料不完全；业主与承包商签订的合同的责任划分不清；业主的资金和信用状况差；业主的管理能力（包括管理水平、管理力量、组织能力、支付能力等）差；业主对承包商的信任度低；业主外部协调能力差</td></tr>
<tr><td>承包商风险</td><td>1. 职业责任风险：施工人员在施工中缺少质量责任意识和投资控制意识，项目管理者责任心不强或私心重，贪污受贿，管理混乱。2. 不规范行为风险：采取行贿等非法手段，盲目压价，转卖资质，转包、分包施工任务；一些小的承包商无证挂靠：某些施工人员搞兼职施工；施工中不执行国家及行业的规范和强制性标准，某些施工人员推销关系单位产品。3. 管理风险：项目领导班子配备不合理，没有适合的技术专家和项目经理，合同管理不善（未能严格履行合同），对工期、质量、安全各项指标的落实措施不严格，现场工序安排不合理、协调不力，施工准备工作不充分，内部管理制度不完善、执行不严</td></tr>
</table>

续表

风险名称		风险原因
项目主体风险	分包商风险	分包商过多，协调组织工作不好，分包商履约不力，分包商技术能力不足，分包商管理能力不足，分包商没有得力措施，分包商工作人员不服从承包商管理，施工方案错误
	监理风险	监理的管理能力、组织能力、工作积极性、职业道德、公正性差；监理有文化偏见，不能正确地执行规范或合同，在工程中苛刻要求；监理在工程中起草错误的文件、下达错误的指令，工作效率低；监理责任心不强，擅离职守
	其他主体风险	中介人的资信、可靠性差，政府机关工作人员、城市公共供应部门（如水、电等相关部门）的干预，业主方的咨询顾问对承包商的信任度低，业主方的咨询顾问管理能力差

第三节　风险应对

公路工程施工项目风险应对是指在公路工程施工项目风险评价后，根据公路工程施工项目风险评价结果，选择并实施公路工程施工项目风险处理策略和措施，以避免或减少损失的过程。对分析出来的风险应制订相应的风险应对计划，即确定针对项目风险的对策。风险应对计划是通过采用将风险转移给另一方或将风险自留等方式，研究如何对风险进行管理，包括风险规避、风险减轻、风险转移、风险自留等策略。

一、风险规避

风险规避又称风险避免，是指当公路工程施工项目风险事件发生的可能性太大，其不利后果太严重，而又无其他策略可用时，主动放弃该公路工程施工项目或改变该公路工程施工项目目标，从而避免风险事件发生的策略。从应对特定风险的角度而言，风险规避是最彻底的风险处理策略，因为它使风险事件发生的可能性降为零，其具体做法有以下三种。

（一）拒绝承担风险

承包商拒绝承担风险大致有以下几种情况。

①对某些存在致命风险的工程拒绝投标。

②利用合同保护自己，不承担应该由业主承担的风险。

③不接受实力差、信誉不佳的分包商和设备供应商，即便是业主或者有实权的其他任何人的推荐，也应拒绝。

④不委托道德水平低下或其他综合素质不高的中介组织或个人。

（二）承担小风险、回避大风险

在进行项目决策时要注意放弃明显导致亏损的项目。对于风险超过自己的承受能力、成功把握不大的项目，不参与投标，不参与合资。甚至有时在工程进行到一半时，若预测后期风险很大，必然有更大的亏损，那么也可采取中断项目的措施。

（三）为了避免风险而损失一定的较小利益

利益可以计算，但风险损失是较难估计的，在特定情况下，可采用此种做法。例如，建材市场有些材料价格波动较大，承包商与供应商可提前订立购销合同并付一定数量的定金，从而避免因涨价带来的风险；采购生产要素时应选择信誉好、实力强的分包商，虽然价格略高于市场平均价，但分包商违约的风险较小。

风险规避虽然是一种风险应对策略，但应该承认这是一种消极的防范手段。因为风险规避虽然避免了损失，但同时也失去了获利的机会，因此，承包商在面临风险时首先应采取其他更好的策略。

二、风险减轻

风险减轻是指在公路工程施工项目风险事件发生时或发生后，采取应急或补救措施，以减轻损失范围和损失程度的策略。承包商的实力越强，市场占有率越高，抵御风险的能力也就越强，一旦出现风险，其造成的影响就相对显得小些。例如，承包商承担一个项目，出现的风险会使他难以承受，但若承担若干个项目，其中某个项目上出现了风险损失，还可以有其他项目的成功加以弥补，这样，承包商的风险压力就会减轻。

另外，在分包合同中，通常要求分包商接受建设单位合同文件中的各项合同条款，使分包商分担一部分风险。有的承包商直接把风险比较大的部分分包出去，将这项风险分散。风险减轻的方式有如下三种。

（一）控制风险损失

控制风险损失是指在损失不可避免的情况下，通过各种措施来遏制损失继续扩大或限制其扩展范围。例如，在施工安全事故发生后，应该立即采取紧急救护措施，防止人员伤亡程度的进一步扩大。

控制风险损失有如下几种措施。

①预防风险源的产生。

②减少构成风险的因素。

③防止已经存在风险的扩散。

④降低风险扩散的速度，限制风险的影响空间。

⑤在时间和空间上将风险和被保护对象隔离。

⑥借助物质障碍将风险和被保护对象隔离。

⑦迅速处理风险已经造成的损失，控制其继续蔓延。

（二）分散风险

分散风险是指通过增加风险承担者来减轻个体损失。对于大型公路工程，其存在的风险很多，如经济方面的风险、技术方面的风险和管理方面的风险等。这么多的风险如果由一家承包商承担，当风险发生时承包商的损失就会很大；而如果由多家承包商共同承担，当风险发生时，各承包商的损失就会明显减少。

（三）后备应急措施

后备应急措施是指在风险事件发生后，采用事先考虑好的后备应急措施来降低损失程度。后备应急措施有如下几种。

①费用后备措施，是指在工程项目建议书、可行性研究等阶段，事先准备好一笔资金，用于补偿由于差错、疏漏，以及其他不确定性因素给公路工程施工项目带来的损失。

②进度后备措施，是指在关键路线上设置的一段时差或浮动时间，它是一个比较紧凑的进度计划，用于保证公路工程施工项目在要求完成的日期前完成。

③技术后备措施，是专门用于应对项目技术风险的措施，它是一份预先准备的技术备用方案或备用设备，当预想情况未出现，需要采取补救行动时才动用。

三、风险转移

风险转移是指承包商在不能回避风险的情况下，借用合同或协议，在风险事件一旦发生时，将其引起的结果连同对风险管理的权利和责任转移给他方的策略。转移公路工程施工项目风险并不能降低公路工程施工项目损失概率和损失值，它仅仅是将风险管理的责任转移给他方。风险的转移并非仅转移损失，该项风险可能带来的收益也要转移，因为有些承包商无法控制的风险因素，其他主体却可以控制。风险转移一般是对分包商和保险机构而言的。风险转移的方式有如下几种。

（一）出售

出售是指通过买卖契约将公路工程施工项目风险转移给他方。这种方式在出售公路工程施工项目所有权的同时，把与之相关的风险也转移给了他方。例如，公路工程施工项目可以通过发行股票或债券筹集资金，股票或债券的认购者在获得公路工程施工项目一部分所有权的同时，也承担了一部分风险。

（二）分包

分包是指在履行合同的过程中，当遇到一些水下或地下施工作业时，承包商将面临较大的技术和安全风险，对于这种情况，承包商可以将其分包，把这部分施工作业转移给其他分包商，从而将风险转移。需要注意的是，这种对原承包商具有风险的施工作业，对分包商不一定具有风险，反而可能蕴藏着获利的机会。

工程风险中的很大一部分可以分散给若干分包商和生产要素供应商。例如，针对业主拖欠工程款的风险，可以在分包合同中规定在业主支付给总包方后若干日内向分包方支付工程款。承包商在项目中投入的资源越少越好，这样即使遇到风险，也可以进退自如。

（三）工程保险

保险是指承包商向保险公司交纳一定数额的保险费，当风险事件发生，造成财产损失或人身伤亡时，由保险公司给予补偿的一种制度。工程保险是指业主和承包商为了工程项目的顺利实施，向保险公司支付保险费，保险公司根据合同约定对在工程建设中可能产生的财产和人身伤害承担赔偿保险金责任。

工程保险其实质就是把原本属于承包商的风险转移给了保险公司，但这种转移是有偿和有条件的，那就是需要交纳保险费和接受保险条款。购买保险是一种非常有效的转移风险的手段，可将自身面临的风险很大一部分转移给保险公司。

（四）工程担保

工程担保是指担保人（一般为银行、担保公司、保险公司以及其他金融机构、商业团体或个人）应工程合同一方（申请人）的要求向另一方（债权人）做出的书面承诺。工程担保是工程风险转移的一项重要措施，它能有效地保障工程建设的顺利进行。

四、风险自留

风险自留是指当无法采用其他风险处理策略或采用其他风险处理策略成本太高且效果不佳时，由承包商自行承担风险、不予转移的策略。风险自留有时可以是被动的，在某些情况下可能造成严重的财务危机；有时也可以是主动的，即承包商在已经识别、度量和评价公路工程施工项目风险的基础上，在明确了风险的性质和风险的后果，并同其他风险处理策略进行比较、权衡利弊后，主动将风险留置内部，作为最优选择的风险处理方式。

一般来说，风险必须符合以下条件之一，承包商才可采取风险自留方式。

①自留费用低于保险公司所收取的费用。

②承包商的期望损失低于保险人的估计。

③承包商有较多的风险单位，且其有能力准确地预测其损失。

④承包商的最大潜在损失或最大期望损失较小。

⑤短期内承包商有承受最大潜在损失或最大期望损失的经济能力。

⑥风险管理目标可以承受年度损失的重大差异。

⑦费用和损失支付分布于很长的时间里，因而导致很大的机会成本。

⑧投资机会很好。

⑨内部服务或非保险人服务优良。

如果实际情况不符合以上条件，则应放弃风险自留的决策。

五、风险管理计划

（一）风险管理计划的含义

公路工程风险管理计划的编制应该确保在相关的运行活动开展以前进行，并且与各种项目策划工作同步进行。

风险管理计划可分为专项计划、综合计划和专项措施等。专项计划是指专门针对某一项风险（如资金或成本风险）制订的风险管理计划；综合计划是指项目中所有不可接受风险的整体管理计划；专项措施是指将某种风险管理措施纳入其他项目管理文件中，如在新技术的应用中可编入项目设计或施工方案，使新技术与施工措施有机地融为一体。从操作角度来讲，公路工程项目风险管理计划是否需要形成专门的单独文件，应根据风险评估的结果进行确定。

（二）风险管理计划的主要内容

风险管理计划是对公路工程施工项目风险管理工作的安排与筹划，是对公路工程施工项目风险管理的目标、任务、程序、责任和措施等内容的全面规划。公路工程施工项目风险管理计划主要包括以下内容。

①已识别的公路工程施工项目风险的描述，包括风险的成因，风险的评估和风险对公路工程项目施工目标的影响。

②公路工程施工项目风险承担人及他们应分担的风险。

③针对每项风险所采取的策略和措施。

④采取措施后，期望残留风险水平的确定。

⑤成功的标准，即将风险处理到什么程度可以认为处理结果良好的标准。

⑥实施风险管理的开始日期、时间安排和关键的里程碑。

⑦实施风险管理策略所需资源的分配，包括费用、技术和时间进度。

⑧处理风险的应急计划和退却计划。

第四节　风险控制

在整个项目风险控制过程中，相关工作人员应收集和分析与项目风险相关的各种信息，获取风险信号，预测未来的风险并提出预警，纳入项目进展报告。同时，还应对可能出现的风险因素进行监控，根据需要制订应急计划。

一、风险预警

公路工程施工项目建设过程中会遇到各种风险，要做好风险管理，就要建立完善的项目风险预警系统，通过跟踪项目风险因素的变动趋势，测评风险所处状态，尽早地发出预警信号，及时向业主、项目监管方和施工方发出警报，为决策者掌握和控制风险争取更多的时间，尽早采取有效措施防范和化解项目风险。

在公路工程施工项目中，相关工作人员需要不断地收集和分析各种信息，捕捉风险前奏的信号，具体可通过以下几种途径进行。

①天气预测警报。

②股票信息。

③各种市场行情、价格动态。

④政治形势和外交动态。

⑤各投资者企业状况报告。

⑥通过工期和进度的跟踪、成本的跟踪分析、合同监督、各种质量监控报告、现场情况报告等手段，了解工程风险。

⑦分析工程实施状况报告中的风险状况报告。

二、风险监控

在公路工程施工项目建设过程中，各种风险在性质和数量上都是在不断变化的。因此，在项目整个生命周期中，需要时刻监控风险的发展与变化情况，并确定随着某些风险的消失而带来的新风险。

风险监控常用的方法有以下几种。

（一）风险审计

风险审计的主要内容为由专人检查监控机制是否得到执行，并定期进行风险审核。对比较重要的阶段点，应重新识别风险并进行分析；对原先没有预测到的风险，应制订新的应对计划。

（二）偏差分析

偏差分析是指对实际施工进度与基准计划进行比较，分析成本和时间上的偏差。

三、风险应急计划

在公路工程项目实施的过程中，必然会遇到大量未曾预料到的风险因素，或风险因素的后果比已预料的更严重，使事先编制的管理计划不能奏效，所以企业必须重新研究应对措施，即编制风险应急计划。公路工程施工项目风险应急计划应清楚地说明当发生风险事件时，相关部门要采取的措施，以便快速、有效地对这些事件做出反应。

（一）风险应急计划的内容

风险应急计划的内容主要包括以下方面。

①应急预案的目标。

②参考文献。

③适用范围。

④组织情况说明。

⑤风险定义及其控制目标。

⑥组织职能（职责）。

⑦应急工作流程及其控制。

⑧培训。

⑨演练计划。

⑩演练总结报告。

（二）风险应急计划的编制程序

风险应急计划的编制程序如下。

①成立预案编制小组。

②制订编制计划。

③现场调查，收集资料。

④环境因素或危险源的辨识和风险评价。

⑤控制目标、能力与资源的评估。

⑥编制应急预案文件。

⑦应急预案评估。

⑧应急预案发布。

公路工程施工项目的管理人员必须充分认识公路工程施工项目的风险，合理地对其进行评估和分析，并针对项目的具体情况来采取相应的风险控制措施，加强风险因素监控，合理规避和转移相关风险，从而使项目取得预期的经济效益，保证项目顺利完成。

参 考 文 献

[1] 阿布力克木·阿不都热西提. 公路工程项目中关键部位施工技术[J]. 工程机械与维修，2022（6）：148-150.

[2] 陈选国. 公路工程路面施工技术及质量控制措施探讨[J]. 交通科技与管理，2023，4（12）：90-92.

[3] 程新喜，王生国. 公路工程建设理论与实践[M]. 合肥：合肥工业大学出版社，2005.

[4] 党世伟. 公路工程项目施工过程中的工程造价控制措施[J]. 四川建筑，2022，42（3）：333-334.

[5] 高峰，张求书. 公路施工组织与管理[M]. 北京：北京理工大学出版社，2009.

[6] 高雅青，李三喜. 工程项目常见问题与防治案例分析[M]. 北京：中国时代经济出版社，2017.

[7] 顾为磊. 公路项目施工机械设备管理问题及对策探讨[J]. 交通科技与管理，2023，4（12）：162-164.

[8] 黄东龙. 市政道路工程项目施工阶段风险管理研究[J]. 住宅与房地产，2021（31）：176-177.

[9] 贾威. 公路工程的施工技术质量控制方法研究[J]. 住宅与房地产，2022（20）：64-68.

[10] 简益义. 加强隧道施工安全管理的具体措施分析[J]. 交通科技与管理，2023，4（1）：144-146.

[11] 江臣，陈光伟，马文宁. 公路工程施工安全管理指数的创新及应用[J]. 中

国公路，2022（1）：46-49.

[12] 揭丹，李万华. 公路工程施工总承包项目管理实施中存在的问题及对策[J]. 工程技术研究，2023，8（3）：123-125.

[13] 李忻忻，赵之仲，张弛，等. 公路工程施工项目管理及优化[M]. 徐州：中国矿业大学出版社，2014.

[14] 刘海燕. 公路工程施工进度管理中存在的问题及应对措施[J]. 工程技术研究，2022，7（11）：136-138.

[15] 刘磊. 土木工程概论[M]. 成都：电子科技大学出版社，2016.

[16] 刘绍宁，李毅. 公路工程技术探讨与施工实施[M]. 郑州：河南科学技术出版社，2006.

[17] 鲁宁. 公路工程总承包项目的动态管理研究[J]. 工程建设与设计，2022（4）：200-202.

[18] 潘伟华，吴军. 高速公路工程建设项目施工阶段质量管理研究[J]. 运输经理世界，2022（21）：41-43.

[19] 钱家勤. 公路工程施工质量管理与进度控制分析：以云南省迪庆州虎香公路项目为例[J]. 工程技术研究，2022，7（5）：133-135.

[20] 王坤. 公路工程施工项目成本管理存在的问题及其对策[J]. 价值工程，2022，41（1）：7-9.

[21] 吴雅洁. 高速公路运营期成本管理与控制[M]. 北京：知识产权出版社，2013.

[22] 郗恩崇. 高速公路管理学[M]. 北京：人民交通出版社，2001.

[23] 夏鑫坊. 基于清单计价模式的公路建设造价管理分析[J]. 交通科技与管理，2023，4（13）：153-155.

[24] 杨海辉. 公路项目施工及安全管理要点[J]. 交通世界，2022（25）：168-170.

[25] 杨琦. 公路建设管理知识百问[M]. 北京：人民交通出版社，2003.

[26] 叶称港. 公路工程施工项目的精细化管理研究[J]. 运输经理世界，2022（36）：25-27.

[27] 尹亚丹，谢京阳. 高速公路施工项目中的大型机械设备管理策略分析研究[J]. 中国设备工程，2022（5）：82-83.

[28] 郁清玲. 公路改造工程施工手册[M]. 哈尔滨：哈尔滨地图出版社，2003.

[29] 翟锐涛. 基于 BIM 的公路工程项目施工质量管理提升策略研究[J]. 科技与创新，2022（14）：102-104.

[30] 张静琼. 公路工程施工项目管理内容与优化措施研究[J]. 交通建设与管理，2023（1）：136-137.

[31] 张毅. 工程项目建设程序[M]. 2 版. 北京：中国建筑工业出版社，2018.